CHRISTMAS WORDSEARCHES FOR KIDS

B	X	W	C	X	G	E	R	S	R
N	B	N	H	R	A	G	U	A	R
C	W	O	R	D	O	T	C	N	X
O	B	I	I	W	D	O	A	D	
W	O	R	S	L	Y	P	R	R	H
O	A	J	T	R	E	A	A	A	N
N	T	M	M	A	P	T	C	T	T
H	S	E	A	R	C	H	E	S	
P	G	S	S	E	V	A	L		
B	R	L	Y	N	M	R	N		

OVER 150 PUZZLES!

Buster Books

First published in Great Britain in 2020 by Buster Books,
an imprint of Michael O'Mara Books Limited,
9 Lion Yard, Tremadoc Road, London SW4 7NQ

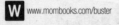 www.mombooks.com/buster   Buster Books   @BusterBooks

The material in this book previously appeared in
The Kids' Book of Christmas Wordsearches

Puzzles designed and typeset by Sarah Khan

Illustrations by John Bigwood
With additional material adapted from www.shutterstock.com

Layout designed by Derrian Bradder and Janene Spencer
Cover designed by Angie Allison

A CIP catalogue record for this book is available from the British Library.

ISBN: 978-1-78055-743-4

1 3 5 7 9 10 8 6 4 2

Printed and bound in September 2020 by CPI Group (UK) Ltd,
108 Beddington Lane, Croydon, CR0 4YY, United Kingdom.

Contents

Searching For Words

Wordsearches are puzzles that absolutely anyone can solve. This book contains over a thousand words to spot in over 150 puzzles. Some of the words will be Christmas-themed, others will be general knowledge. Don't worry if you don't know what all the words mean because you can still spot them in the grids.

Words And Grids

Beneath each puzzle in this book is a list of words that you must find in the grid above it.

You'll find the words running in a straight line in any direction, including diagonally, and written either forwards or backwards.

Occasionally, some of the puzzles contain a phrase or word written with punctuation beneath the grid – in these cases just ignore the spaces or punctuation marks when looking in the grids.

When you find a word, mark it with a pen, pencil or highlighter and then cross it off the list. Some of the words in each puzzle will overlap one another and use the same letters in the grid.

Are You A Beginner Or An Ace Puzzler?

The puzzles in this book start off easy and then get tougher as the book progresses. There are four separate difficulty levels – Beginner, Intermediate, Advanced and Ace Puzzler – which are shown at the top of each page. You can also time yourself.

There's space at the top of each page to fill in exactly how long it has taken you to solve each puzzle.

Some of the puzzles are festive shapes – such as baubles, crackers and stars – but these are completed in the same way as a square-shaped puzzle.

If you get stuck and simply can't find a word then just ask a friend or family member to help you. If they can't find it either then don't despair – all the answers are at the back of the book.

Good luck, and have fun!

Level One:

Beginners

Puzzle 1: Decorations

ANGEL   ORNAMENT
BAUBLE   STAR
FAIRY   TINSEL
GARLAND   WREATH
LIGHTS

Time ....

Puzzle 2: Santa's Helpers

```
M A G R E L B V
W O R K S H O P
I D E W L A O C
R B E G L P T L
H O N R E H S T
H A T S B A N O
C I G A M F R Y
Y B R E L V E S
```

BELLS	HATS
BOOTS	MAGIC
EARS	RED
ELVES	TOYS
GREEN	WORKSHOP

 Time ....

Puzzle 3: Crackers

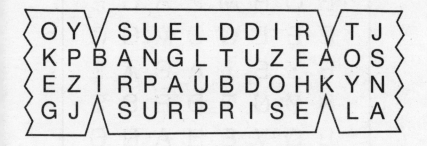

```
O Y  S U E L D D I R  T J
K P B A N G L T U Z E A O S
E Z I R P A U B D O H K Y N
G J  S U R P R I S E  L A
```

BANG	RIDDLE
HAT	SNAP
JOKE	SURPRISE
PRIZE	TOY
PULL	

Time

Puzzle 4: Season's Greetings

```
H N E W Y E A R
B O E M E R R Y
P E L C O M H W
E Y S I A G A I
S Y C T D E P S
L O V E H A P H
K J O V T U Y E
R P N O S A E S
```

BEST	MERRY
HAPPY	NEW YEAR
HOLIDAYS	PEACE
JOY	SEASON
LOVE	WISHES

 Time ....

Puzzle 5: Flowers

```
D A F F O D I L
S U C O R C T S
P F U S C H I A
A C O K H R M P
N P A S I E R I
S N A L D C O L
Y L I L I R S U
U N V I O L E T
```

CROCUS   ORCHID
DAFFODIL   PANSY
FUSCHIA   ROSE
IRIS   TULIP
LILAC   VIOLET
LILY

Time ....

Puzzle 6: Islands

```
B A T N I S O K
S H E T L A N D
J A N R A C S N
E W E I B I Z A
R A R E J A H L
S I I I D M A E
E I F K O A W C
Y L E R E J S I
```

BALI   JAMAICA
FIJI   JERSEY
HAWAII   KOS
IBIZA   SHETLAND
ICELAND   TENERIFE

 Time ....

Puzzle 7: Christmas Tree

```
D B R A N C H E
E F E L S G N C
C K A T M I E U
O E N K P F E R
R G I R E K D P
A T P W I A L S
T S E R O F E L
E D G I F T S N
```

BRANCH   GIFTS
DECORATE   NEEDLES
FAKE   PINE
FIR   REAL
FOREST   SPRUCE

Time ....

Puzzle 8: Winter

```
G L O D R I M T
S F T B T U C H
C P A S K A T E
A G O E N I H R
R R C V L O S M
F B O O T S W A
H A I L N O D L
W B E G D E L S
```

BOOTS	ICE
COAT	SCARF
FROST	SKATE
GLOVES	SLEDGE
HAIL	SNOW
HAT	THERMALS

 Time ....

Puzzle 9: Summer

```
K H I P A B U S
R O C I S E L H
A L E C W A P O
P I C N I C A R
L E R S M H O T
O H E N C N U S
K Y A D I L O H
R F M T A N C B
```

BEACH	PARK
FAN	PICNIC
HAT	SHORTS
HOLIDAY	SUN
HOT	SWIM
ICE CREAM	TAN

Time ....

BEGINNERS

Puzzle 10: Cities

```
N E W D E L H I
I E M O R O N S
L O S C Y N E I
R A E K F D W R
E F O L S O Y A
B T U L Y N O P
N P L C A I R O
S Y D N E Y K A
```

BERLIN	PARIS
CAIRO	ROME
LONDON	SEOUL
NEW DELHI	SYDNEY
NEW YORK	TOKYO
OSLO	

 Time ....

Puzzle 11: Cheeses

```
P A N E E R E R A
A E P A R U D A
R I C O T T A D D
M R H G S E M D
E B E T O L F E
S S I W S U N H
A C R E A M D C
N O T L I T S A
```

BRIE	PANEER
CHEDDAR	PARMESAN
CREAM	RICOTTA
EDAM	STILTON
FETA	SWISS
GOUDA	

Time ....

BEGINNERS

Puzzle 12: Baby Animals

```
R Y G U C L K E
M P Y D A E I N
H P I M L V T D
C U B G S E T I
A P S L L R E K
L F A W N E N O
F O O I V T T H
F A W K C I H C
```

CALF   KITTEN
CHICK   LAMB
CUB   LEVERET
FAWN   OWLET
FOAL   PIGLET
KID   PUPPY

 Time ....

Puzzle 13: Languages

```
N A H U R S T L
A R C O D H P E
M A N D A R I N
R B E I D N U G
E I R T A M I L
G C F H I N D I
E I L I H A W S
L S P A N I S H
```

ARABIC   SPANISH
ENGLISH   SWAHILI
FRENCH   TAMIL
GERMAN   THAI
HINDI   URDU
MANDARIN

Time ....

BEGINNERS

Puzzle 14: Advent Calendar

```
L P G I F T S H
W S R E B M U N
O H M D S V R O
D U F L A O P E
N M D S O E R A
I U Y D N G I W
W A L T U H S P
D E C E M B E R
```

DAYS	OPEN
DECEMBER	SHUT
DOOR	SURPRISE
GIFTS	WINDOW
NUMBERS	

 Time ....

Puzzle 15: Fruit

```
G U A V A O S M
A R H L P G S E
P B A V P N E L
R A E P L A C O
I T F L E M O N
C I W I K S R L
O R A N G E W P
T G A N A N A B
```

APPLE	KIWI
APRICOT	LEMON
BANANA	MANGO
FIG	MELON
GRAPES	ORANGE
GUAVA	PEAR

Time ....

Puzzle 16: Christmas Nativity

```
R O S T A B L E
K R E G N A M D
A I A S J B A Y
W N N T O Y R E
Q I G G S M Y K
C A E H E J U N
X T L I P S B O
S H E P H E R D
```

ANGEL	MANGER
BABY	MARY
DONKEY	SHEPHERD
JOSEPH	STABLE
KING	STAR

 Time ....

Puzzle 17: Sleeping

```
S B D A D U V T
S L U M B E R E
E A V K C I B Z
R N E O W E P O
T K T C Z M T O
T E R O N S A N
A T D R E A M S
M W O L L I P E
```

BED	MATTRESS
BLANKET	NAP
COT	PILLOW
DOZE	SLUMBER
DREAM	SNOOZE
DUVET	SNORE

Time ....

Puzzle 18: Santa's Sleigh

```
O M N I G H T S
R A S L L E B D
D G H T U N J E
J I E K F P I L
F C L W S I N I
O L M K B Y G V
O D Y S E V L E
R E I N D E E R
```

BELLS   MAGIC
DELIVER   NIGHT
ELVES   REINDEER
FLY   ROOF
GIFTS   SKY
JINGLE

 Time ....

Puzzle 19: Farm Animals

```
L U V W O Y D R
P K O H S E B G
Y C H I C K E N
E U D E S R O H
S D O W H U G M
O N G P E T A C
O H K I E S W T
G O A T P R L S
```

CAT	GOOSE
CHICKEN	HORSE
COW	PIG
DOG	SHEEP
DUCK	TURKEY
GOAT	

Time ....

Puzzle 20: Colours

```
S A R B L G E K
N P L B R O W N
E U M G R E Y I
E R H N D Y E P
R P I K C A L B
G L D R U P L O
T E G N A R O H
R B E T I H W D
```

BLACK	PINK
BLUE	PURPLE
BROWN	RED
GREEN	WHITE
GREY	YELLOW
ORANGE	

 Time ....

Puzzle 21: School

```
S X H C N U L B
T E A C H E R M
U N O S S E L S
D C P E A Y S I
E F L K M A M B
N R A E L A K O
T A Y C X D R O
H O M E W O R K
```

BOOK	LESSON
BREAK	LUNCH
CLASS	MARK
EXAM	PLAY
HOMEWORK	STUDENT
LEARN	TEACHER

Time ....

Puzzle 22: Presents

```
T E L C Y C I B
V O U C H E R M
B I Y P E M A G
O D E H L U Z A
O U S C A F T D
K A N D E R C G
C L O T H E S E
E L Z Z U P N T
```

BICYCLE   GAME
BOOK   PERFUME
CASH   PUZZLE
CLOTHES   TOY
GADGET   VOUCHER

 Time _____

Puzzle 23: Mistletoe

```
F O L K L O R E
S B C I U L K Y
C U E S P R I G
L N W S O G N D
S C H T N A L P
R H I W H V A F
B K T S U W L P
O S E I R R E B
```

BERRIES	LUCK
BUNCH	PLANT
FOLKLORE	SPRIG
HANG	WHITE
KISS	

Time ....

Level Two:
Intermediates

Puzzle 24: Midnight Mass

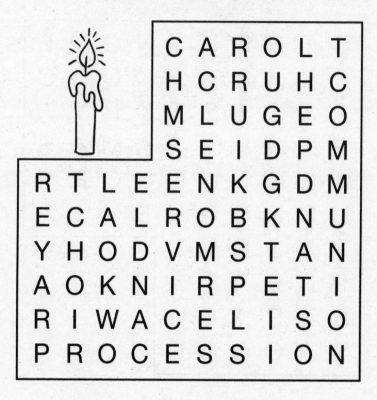

C	A	R	O	L	T	
H	C	R	U	H	C	
M	L	U	G	E	O	
S	E	I	D	P	M	
R	T	L	E	E	N	K	G	D	M
E	C	A	L	R	O	B	K	N	U
Y	H	O	D	V	M	S	T	A	N
A	O	K	N	I	R	P	E	T	I
R	I	W	A	C	E	L	I	S	O
P	R	O	C	E	S	S	I	O	N

CANDLE	PRAYER
CAROL	PROCESSION
CHOIR	SERMON
CHURCH	SERVICE
COMMUNION	SIT
KNEEL	STAND
NIGHT	

Time ....

Puzzle 25: Christmas Eve

```
S T O C K I N G M L
P R H A E I K O O C
A A D I S T O R Y W
R C N P Y J A M A S
W K G T M C D O R T
H S R O O K F V I L
Y A D R V L
P N E R I A
B T P A E W
S A O C O C
```

CAROL   PYJAMAS
CARROT   STOCKING
COCOA   STORY
COOKIE   TRACK SANTA
MOVIE   WALK
PANTO   WRAP
PARTY

 Time ....

Puzzle 26: Boxing Day

```
G N I D I R E K I B
N J F O O T B A L L
I U N R U G B Y V E
T M Z         T I F
A P R         T I T
K E L         R I O
S R W         A W V
E A A B M P O H S E
C U L S G N I C A R
I D K E N P E E L S
```

BIKE RIDING	RUGBY
CHARITY	SALE
FOOTBALL	SHOP
ICE SKATING	SLEEP
JUMPER	SWIM
LEFTOVERS	TV
RACING	WALK

Time ....

Puzzle 27: Stars

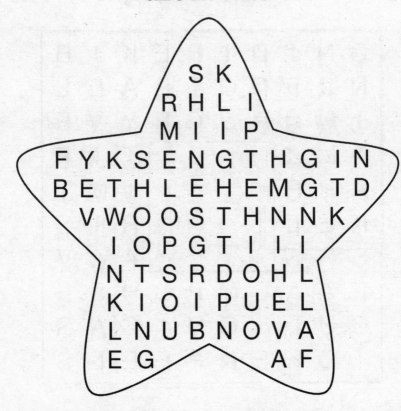

```
        S K
     R H L I
     M I I P
F Y K S E N G T H G I N
B E T H L E H E M G T D
V W O O S T H N N K
  I O P G T I I I
  N T S R D O H L
  K I O I P U E L
  L N U B N O V A
  E G         A F
```

BETHLEHEM	POINT
FALLING	POLE
GUIDING	SHINE
LIGHT	SHOOTING
NIGHT	SKY
NORTH	TWINKLE
NOVA	

 Time ....

Puzzle 28: Santa's Grotto

```
E O C H I L D R E N
N R L B S M U Q N H
O W E P A R E N T S
R A S U A L C S R M
H I D M E Q Y P A I
T T F I G U M H N L
      T D Q E C E
      A E L V E S
      M I G W A T
      O T O H P F
```

CHILDREN	PHOTO
ELVES	QUEUE
ENTRANCE	SIT
GIFT	SMILE
MEET	THRONE
MRS CLAUS	WAIT
PARENTS	

Time ....

Puzzle 29: Snowman

```
M T C O A L I
I S O W B I
T L N O K M
T E H O E A
E V A L W T C O L D D
N O T T U B W L H S
S H P I K C A T S T
P S F R A C S L D I
N K C A R R O T L C
F G S E L L O R U K
```

BUTTON	ROLL
CARROT	SCARF
COAL	SHOVEL
COLD	SNOWBALL
HAT	STACK
MELT	STICK
MITTENS	WOOL
ROCK	

 Time ....

Puzzle 30: Plants

```
S H R U B L U B O C
E P E R E N N I A L
D N C R E E P E R A
G R A S S P A N N C
E E U L A U Q N T I
N F S S O M U I B P
      H A A A U O
      L F T L S R
      E N I V H T
      C A C T U S
```

ANNUAL	GRASS
AQUATIC	MOSS
BIENNIAL	PERENNIAL
BULB	RUSH
BUSH	SEDGE
CACTUS	SHRUB
CREEPER	TROPICAL
FERN	VINE

Time ....

Puzzle 31: Mince Pies

```
Y R T S A P
F S U G A R
I C P O N U
L Z E S I O
B A K E E T E U S L
U N V G N I L L I F
T O G E U S Y T A Z
T N V E L P P A R E
E O S P I C E N U S
R E M C U R R A N T
```

APPLE	PASTRY
BAKE	PEEL
BUTTER	RAISIN
CURRANT	SPICE
EGG	SUET
FILLING	SUGAR
FLOUR	SULTANA
OVEN	ZEST

 Time ....

Puzzle 32: Toys

```
L  T  R  K  M  E
T  E  P  P  U  P
E  A  L  H  S  F
D  S  A  O  I  E
D  E  Y  R  C  K  C  O  L  B
Y  T  N  I  A  R  T  M  O  R
B  D  O  L  L  C  P  U  P  I
E  L  E  C  T  R  O  N  I  C
A  S  R  O  B  O  T  E  M  K
R  A  T  T  L  E  S  U  O  H
```

BLOCK	PLAY
BRICK	PUPPET
CAR	RATTLE
DOLL	ROBOT
ELECTRONIC	TEA SET
HOUSE	TEDDY BEAR
MUSICAL	TRAIN

Time ....

INTERMEDIATES

Puzzle 33: Months of the Year

```
E N U J E S A P R T
N S V M A Y R E S L
D R E O C N B Y L H
B E E P Y O U R A J
A B L B T I J A P U
U M G C M E R U R L
G E O U A E M R I Y
U V I J R Y C B L M
S O U T C O B E E A
T N G U H B E F D R
```

JANUARY	JULY
FEBRUARY	AUGUST
MARCH	SEPTEMBER
APRIL	OCTOBER
MAY	NOVEMBER
JUNE	DECEMBER

 Time ....

Puzzle 34: Winter Walks

```
Y R M A P U D D L E
B A N I M A L R V W
R E B O O T S E I K
A F W       G Y B
N U O       D R E
C N P       U R N
H G D       L E O
G I R I W O N S B C
O S K C A R T Y I H
C E V E R G R E E N
```

ANIMAL	HIKE
BERRY	ICE
BIRD	NEST
BOOTS	PUDDLE
BRANCH	SLUDGE
CONE	SNOW
EVERGREEN	TRACKS
FUNGI	WEB

Time ....

Puzzle 35: Baking Equipment

```
D I C I N G B A G X
N E V O R G L O V E
A E O E M I Y R W A
T P X         A K L
S I L         W R U
M C N         Z A T
S E A         O C A
T R E L Z Z O N K P
B C A S E G X I T S
R O V A P S I E V E
```

BOWL	RECIPE
CASE	SCALES
GLOVE	SIEVE
ICING BAG	SPATULA
MIXER	SPOON
NOZZLE	STAND
OVEN	TIN
RACK	TRAY

Time ....

Puzzle 36: Christmas Movies

```
H O L I D A Y I N N
O L H S G R I H N A
M U P P E T S C A T
E V L O S T O N M I
A C O L A Y G I W V
L H D A T F A R O I
O R U R L B E G N T
N G R E M L I N S Y
E I V O M A T N A S
P F S C R O O G E L
```

ELF	NATIVITY
GREMLINS	POLAR
GRINCH	RUDOLPH
HOLIDAY INN	SANTA MOVIE
HOME ALONE	SCROOGE
MUPPETS	SNOWMAN

Time ....

INTERMEDIATES

Puzzle 37: Vegetables

```
C O U R G E T T E P
A M O T A T O P N E
R E G A B B A C I P
R T P E R M L I G P
O T A C O T K E R E
T O C U C U M B E R
      C O A P B K
      O L R G U I
      L R K U A M
      I N O I N O
```

AUBERGINE
BROCCOLI
CABBAGE
CARROT
COURGETTE
CUCUMBER

LEEK
OKRA
ONION
PEA
PEPPER
POTATO

 Time ....

Puzzle 38: Things that Fly

```
H A N G G L I D E R
E N O R D P N J T M
L A O J T A S G I E
I O L K B D E R L A
C K L B R A C O L I
O I A I N B T C E R
P T B L U D J E T S
T E K C O R D N A H
E E N A L P A E S I
R E D I L G A R A P
```

AIRSHIP	INSECT
BALLOON	JET
BAT	KITE
BIRD	PARAGLIDER
DRONE	ROCKET
HANG-GLIDER	SATELLITE
HELICOPTER	SEAPLANE

Time ....

Puzzle 39: Family

```
        C O U S I N
        W G R N A N
        M N E R S F
        D O H E I A
N I E C E S T T S T
E L C N U M O H T H
P A M D N A R G E E
H U W I F E B U R R
E N S H U S B A N D
W T B G R A N D A D
```

AUNT	MOTHER
BROTHER	NAN
COUSIN	NEPHEW
DAUGHTER	NIECE
FATHER	SISTER
GRANDAD	SON
GRANDMA	UNCLE
HUSBAND	WIFE

 Time ....

Puzzle 40: Superpowers

```
T E L A H Y
I D H G L B
M I E F S E
E W A E L W
T E L E P A T H Y S
R A E P P A S I D E
A G I L I T Y E P N
V O W E A T H E R S
E Z I T O N P Y H E
L F H T G N E R T S
```

AGILITY	SENSES
DISAPPEAR	STRENGTH
FLY	TELEPATHY
HEAL	TIME TRAVEL
HYPNOTIZE	WEATHER
LASER	WEB

Time ....

Puzzle 41: Shepherds

```
N F A P E E H S T R
H O L A M B S U G D
E K T S A P M O R E
R O C T E N D K A Y
D R A U G P C S Z W
Y E Z R E O K N E B
P A E E L O
Z M H F O V
E S T R A W
N K C R O F
```

CROOK	LAMBS
FEED	PASTURE
FLOCK	SHEEP
GRAZE	SHEEPDOG
GUARD	STRAW
HAY	TEND
HERD	

 Time ....

Puzzle 42: Skiing

```
E N I P L A
W O E H M I
N R P O E U
U D O F B L
R I L F G P M U J W
K C S P O L E E M O
C H A I R L I F T N
A I K S M O L A L S
L S C T E L G G O L
B L U E R U N C F T
```

ALPINE	NORDIC
BLACK RUN	OFF PISTE
BLUE RUN	POLE
CHAIR LIFT	SKI
HELMET	SLALOM
ICE	SLOPE
JUMP	SNOW

Time ....

Puzzle 43: Pudding

```
L O O F I G G Y R B
D Y L E M A R A C L
P A N N A C O T T A
N T E U S E L R A N
E C I R O G Y E P C
S A G O B N P A I M
        F O O C O A
        S P L L C N
        O S Y E A G
        T O F F E E
```

BLANCMANGE
BREAD
CARAMEL
FIGGY
FLAN
FOOL
PANNA COTTA
RICE

ROLY POLY
SAGO
SPONGE
SUET
TAPIOCA
TOFFEE
TREACLE

 Time ....

Puzzle 44: Ice Skating

```
B L A D E S
U T H X G R
K I O S E F
S L P V P L
R L J U M P O A I N
I U A X E S I F K P
K N I R S R T N H N
F G N O I T A T O R
T E R H M P L B J U
B C V O L O S V A T
```

AXEL	PIVOT
BLADES	RINK
CROSSOVER	ROTATION
HOP	SOLO
JUMP	SPIN
LIFT	SPIRAL
LUNGE	SPLIT
PAIR	TURN

Time ....

Puzzle 45: Games

```
W R A C K E T O I D
H O P S C O T C H I
C L R M O P I K S C
D E Z D M O B I L E
R P Z L P U Z Z L E
A L L P U S S E R D
O A C E T D
B Y H K E R
E D A C R A
L E S A H C
```

ARCADE	HOPSCOTCH
BALL	MOBILE
BOARD	PUZZLE
CARD	RACKET
CHASE	ROLE PLAY
COMPUTER	SKIP
DICE	WORD
DRESS UP	

 Time ....

Puzzle 46: The Nutcracker

```
M D P N S E
A O L F Y P
G S U G A R
I O M S R I
C L W E E A R A L C
A D Z S C K O Y L L
L I T P N N I D O O
T E L L A B I N D C
Z R A M D F Y R G K
B S W E E T S N P M
```

BALLET	MOUSE KING
CLARA	PLUM
CLOCK	PRINCE
DANCER	SOLDIER
DOLL	SUGAR
FAIRY	SWEETS
MAGIC	WALTZ

Time ....

Puzzle 47: Fancy Dress

```
F L A D M Y T S E V
A S T R O N A U T F
I E C B N D J P L S
R A W J S R N E E S
Y O C A T A I R G E
C H E F E Z N H N C
      R I L E A N
      S W B R C I
      N A M O R R
      E T A R I P
```

ANGEL   MONSTER
ASTRONAUT   NINJA
CAT   PIRATE
CHEF   PRINCESS
COWBOY   ROMAN
ELF   SUPERHERO
FAIRY   WIZARD

 Time ....

Puzzle 48: Holly

```
        P  F  A  N  D        E
        R  C  L  A  E        V
        N  W  O  R  C        G
        L  H  G  U  O        B
  F  L  R  E  A  T  H  S  R  U
  I  G  A  R  L  A  N  D  A  R
  O  F  Y  R  R  E  B  W  T  H
  E  L  K  C  I  R  P  D  I  S
  R  E  T  N  I  W  E  B  O  D
  E  V  E  R  G  R  E  E  N  L
```

BERRY	LEAF
BOUGH	PRICKLE
CROWN	RED
DECORATION	SHRUB
EVERGREEN	WINTER
GARLAND	WREATH

Time ....

INTERMEDIATES

Puzzle 49: Arts and Crafts

```
F L O R Y F I L M C
E E M B R O I D E R
G W L D E T A P I O
A O S T T P F E M C
L O R S T L G T A H
L D E C O U P A G E
O W R W P C E M I T
C O E A T S L I R D
D R H I W F K N O E
S K N I T N I A P C
```

ANIMATE	FLOWERS
COLLAGE	KNIT
CROCHET	ORIGAMI
DECOUPAGE	PAINT
DRAW	POTTERY
EMBROIDER	SCULPT
FELT	SEW
FILM	WOODWORK

 Time ....

Puzzle 50: Pantomimes

```
K L A T S N A E B N
C I N D E R E L L A
A S A B T A G D W P
J M E A I L N O U R
E S R O H A O S D E
L F R A W D S M A T
      W D T A N E
      O I O F C P
      N N O R E H
      S E B A B W
```

ALADDIN	HORSE
BABES	JACK
BEANSTALK	PETER PAN
BOOTS	PUSS
CINDERELLA	SNOW WHITE
DAME	SONG
DANCE	WOOD
DWARF	

Time ....

INTERMEDIATES

Puzzle 51: Reindeer's Food

```
            Y R R E B U
            F A E L R S
            E G H M E P
            R U O O A R
G R P A N S A O D I
M O S P S I T R S N
U S N E E R G H T K
E T O R R A C S I L
A P P L E T T U C E
P I N S R A P M K S
```

APPLE	LEAF
BERRY	LETTUCE
BREADSTICK	MOSS
CARROT	MUSHROOM
FERN	OAT
GRASS	PARSNIP
GREENS	SPRINKLES
HAY	SUGAR

 Time ....

Puzzle 52: Santa's Food

```
G K E T A P
M L R I U D
E I K O O C
I M S T E W
P O R R I D G E M E
E N A C Y D N A C K
C H O C O L A T E A
N A G N I D D U P C
I S A N D W I C H O
M E A T P I E S K P
```

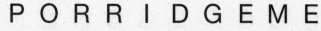

CAKE	PÂTÉ
CANDY CANE	PORRIDGE
CHOCOLATE	PUDDING
COOKIE	SANDWICH
MEAT PIE	SOUP
MILK	STEW
MINCE PIE	TEA

Time ....

Puzzle 53: Areas of Water

```
          E  F  O  G  V  R
          S  P  N  C  A  E
          T  I  L  H  N  S
          R  B  O  A  G  M
 P  U  D  P  E  G  O  N  L  N
 R  O  S  U  A  K  P  N  A  O
 E  K  N  D  M  N  A  E  C  O
 V  O  H  D  A  T  S  L  I  G
 I  T  E  L  N  I  P  K  E  A
 R  E  S  E  R  V  O  I  R  L
```

CHANNEL	POOL
GLACIER	PUDDLE
INLET	RESERVOIR
LAGOON	RIVER
LAKE	SEA
OCEAN	SPRING
POND	STREAM

 Time ....

Puzzle 54: Bells

```
            J
      E  S  I  E  F
   U  Z  L  S  M  G  H
   J  N  E  C  I  J  A
   I  O  I  L  H  L  N
   N  R  G  A  C  U  V
 A  G  B  H  P  L  O  R  E
E  V  L  N  Z  P  A  W  O  C  R
L  A  E  P  I  E  N  D  N  A  H
      M  R  G
```

BRONZE	HAND
CHIME	JINGLE
CHURCH	PEAL
CLANG	RING
CLAPPER	SILVER
COW	SLEIGH

Time ....

Puzzle 55: Mammals

```
B Y W R U M E L T O
A E H P T S T I H P
M K A N G A R O O P
O N M R C H B N R I
D O L P H I N E S H
F M O U S E L A E S
N B E D I L
C P A N D A
A K R O M H
B L G E N W
```

APE	KANGAROO
BAT	LEMUR
BEAR	LION
CAT	MONKEY
DOG	MOUSE
DOLPHIN	PANDA
HIPPO	SEAL
HORSE	WHALE

 Time ....

Puzzle 56: Christmas Tales

```
L O R A C M M G N S
S N O W M A N L U H
T I L R G U E X T O
D F S I A F L E C E
G R I N C H V E R M
T F M G S T E R A A
H L P E A I S T C K
U P O L A R N R K E
T I N S O L D I E R
S S E R P X E F R W
```

CAROL
ELVES
EXPRESS
FIR TREE
GIFT
GRINCH

MAGI
NUTCRACKER
POLAR
SHOEMAKER
SNOWMAN
TIN SOLDIER

Time ....

Puzzle 57: Poems

```
S  M  A  R  K  E  T  U  G  P
D  A  P  N  R  L  Y  B  R  I
A  S  U  L  W  N  G  O  E  M
F  E  S  O  R  D  E  R  C  A
F  U  S  T  W  O  R  V  I  N
O  Z  Y  M  A  N  D  I  A  S
D  F  C  G  O  B  L  I  N  R
I  N  A  H  K  A  L  B  U  K
L  S  T  E  N  N  O  S  R  A
S  L  S  U  T  C  I  V  N  I
```

DAFFODILS
GOBLIN
GRECIAN URN
IF
INVICTUS
KUBLA KHAN
MARKET
OWL

OZYMANDIAS
PUSSYCAT
RAVEN
RED ROSE
SONNETS
TYGER
US TWO

 Time ....

Puzzle 58: Film Genres

```
A N I M A T I O N R
C A C O M E D Y S I
T L A C I S U M O T
I P E M L W I N S H
O H D O A I N L C R
N O I R M S D R I I
      A U I H F L
      S M E T I L
      E W A D N E
      H O R R O R
```

ACTION	MUSICAL
ANIMATION	NOIR
COMEDY	ROMCOM
CRIME	SCI-FI
DRAMA	THRILLER
HORROR	WAR
INDIE	

Time ....

Puzzle 59: Emotions

```
P  R  I  D  E  R
R  T  A  V  P  T
H  A  T  E  I  U
S  S  E  R  T  S
S  H  M  F  Y  T  B  I  D  M
E  G  A  R  U  O  C  S  N  L
N  F  H  S  E  L  J  Y  O  A
D  I  S  G  U  S  T  V  R  C
A  N  G  E  R  V  E  N  M  P
S  U  R  P  R  I  S  E  T  D
```

ANGER	LOVE
CALM	PITY
COURAGE	PRIDE
DISGUST	SADNESS
ENVY	SHAME
FEAR	STRESS
HATE	SURPRISE
JOY	

 Time ....

Puzzle 60: Leaves

```
I E C H D P
R N O B Y S
Y L E F S M
L E N I P A
G C S Y C A M O R E
Y E W H R O L J U B
K D A I C A C A C N
V A F J U N I P E R
S R O H V F E I M O
B F N R O H T W A H
```

ACACIA	JUNIPER
BEECH	OAK
CEDAR	PINE
FIR	SPRUCE
HAWTHORN	SYCAMORE
HOLLY	YEW
HORNBEAM	

Time ....

Puzzle 61: Theatre

```
P B O X O F F I C E
L A R T C Y B B O L
A L C S L L A T S P
Y C H           R T E
E O E           O U B
N N S           T M S
E Y T           C E G
C U R T A I N A X N
S T A G E W T C Y I
D I R E C T O R B W
```

ACTOR	ORCHESTRA
BALCONY	PLAY
BOX OFFICE	SCENE
COSTUME	SEAT
CURTAIN	STAGE
DIRECTOR	STALLS
LOBBY	WINGS

Time ....

Puzzle 62: Christmas in Germany

```
S A U S A G E N O P
A S L E S U O R A C
L U B S R E T T E L
O P E N E L L O T S
H M L B G O O S E C
C A L E N D A R K L
I R P L I G
N K E R S O
T E K R A M
S L O R A C
```

BELL	LETTERS
CALENDAR	MARKET
CAROLS	SAUSAGE
CAROUSEL	SINGERS
CARP	ST NICHOLAS
GOOSE	STOLLEN
KRAMPUS	

Time

INTERMEDIATES

Puzzle 63: Wrapping Gifts

```
E N V E L O P E W U
F O L D P M A T S G
P B N R E K C I T S
M B O W R P S T I R
P I O R E P A P S O
A R C X T G O T S S
        T X A E U S
        I E U B E I
        L L E V R C
        G N I R T S
```

BAG	GLUE	STRING
BOW	PAPER	TAG
BOX	RIBBON	TAPE
ENVELOPE	SCISSORS	TISSUE
FOLD	STAMP	
GLITTER	STICKER	

 Time ....

Level Three:
Advanced

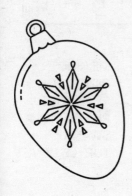

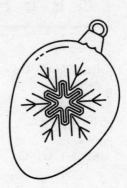

Puzzle 64: "Twelve Days of Christmas" Lyrics

```
S  G  N  I  R  D  L  O  G  M  B  T
P  U  W  L  O  V  E  I  N  G  R  U
G  E  E  S  E  L  A  Y  I  N  G  R
L  O  R  D  S  S  P  L  P  I  S  T
A  V  F  O  R  D  I  E  I  C  N  L
D  M  I  L  K  I  N  G  P  N  A  E
I  L  O  E  V  A  G  K  S  A  W  D
E  V  S  R  E  M  M  U  R  D  S  O
S  S  N  E  H  H  C  N  E  R  F  V
E  G  D  I  R  T  R  A  P  S  O  E
C  A  L  L  I  N  G  B  I  R  D  S
N  E  E  R  T  R  A  E  P  B  H  L
```

CALLING BIRDS	GOLD RINGS	MILKING
DANCING	LADIES	PARTRIDGE
DRUMMERS	LEAPING	PEAR TREE
FRENCH HENS	LORDS	PIPERS PIPING
GAVE	LOVE	SWANS
GEESE LAYING	MAIDS	TURTLE DOVES

 Time ....

Puzzle 65: Fairy-Tale Characters

```
U F A E T I H W W O N S
P A L E S N A H J A C K
R L A L L E R E D N I C
I E D L G R Y K C Q U O
N T D S N A H R U B P L
C E I Q I P M E I E A I
E R N B L U E B E A R D
I G A C K N R E Z U F L
      C Z M A W T E O
      U E A S H Y M G
      D L I T N A I G
      A U D W I T C H
```

ALADDIN	FAIRY	MERMAID
BEAST	GIANT	PRINCE
BEAUTY	GOLDILOCKS	QUEEN
BLUEBEARD	GRETEL	RAPUNZEL
CINDERELLA	HANSEL	SNOW WHITE
DUCKLING	JACK	WITCH

Time ....

Puzzle 66: Jingle Bells

```
O P E N S L E I G H T A
S N I G G B W E N R J S
P U E B N N R D I F I T
G L S H T I I I H N L I
N J L A O B H R G F N R
I V I W N R P S U H O I
O U A N I J S N A Y T P
P Y T C G F I E L D S S
E W B N H L A U
D A O P T O E M
K S B N L I R B
B E L L S O N C
```

BELLS	JINGLE	SING
BOBTAILS	LAUGHING	SNOW
BRIGHT	ONE-HORSE	SONG
DASHING	OPEN SLEIGH	SPIRITS
FIELDS	RIDE	TONIGHT
FUN	RING	WAY

Time ....

Puzzle 67: Constellations

```
A  S  U  E  S  R  E  P
I  A  C  R  O  E  D  B
E  D  Y  U  J  T  L  R
P  E  G  A  S  U  S  U
O  M  N  V  I  X  U  R  C  A  Y  P
I  O  U  L  E  G  T  S  D  R  L  C
S  R  S  S  L  P  E  A  R  D  E  Y
S  D  O  Y  C  O  C  M  A  Y  P  H
A  N  R  K  I  A  N  A  C  H  U  X
C  A  N  I  S  M  A  J  O  R  S  O
S  N  E  P  R  E  S  O  R  I  O  N
E  F  D  N  A  G  I  R  U  A  C  S
```

ANDROMEDA	CYGNUS	MUSCA
AURIGA	DRACO	ORION
CANIS MAJOR	HERCULES	PEGASUS
CASSIOPEIA	HYDRA	PERSEUS
CETUS	LEPUS	SERPENS
CRUX	LYRA	URSA MAJOR

Time ....

Puzzle 68: Christmas Outfits

```
        S N I U Q E S T
        T A D P N A S B
        O G E Y N G R I
        O I I J U M E G
S E O K B D T A H F L E
L I Y D E R T M U Q T A
I S A N T A H A T E N R
P E L O R C G S Y P A R
P N B F G L I T T E R I
E O P A P E R C R O W N
R E P M U J B N E E R G
S L P A R T Y D R E S S
```

ANTLERS	GLITTER	PYJAMAS
BIG EARRINGS	GREEN	RED
BOOTS	JUMPER	SANTA HAT
BRIGHT TIE	ONESIE	SEQUINS
CARDIGAN	PAPER CROWN	SLIPPERS
ELF HAT	PARTY DRESS	

 Time ....

Puzzle 69: Fireworks

```
S  F  I  R  F  I  Z  Z
F  O  U  N  T  A  I  N
I  P  L  S  N  A  K  E
R  O  C  K  E  T  B  U
E  R  E  N  N  I  P  S  S  U  P  Y
C  G  W  Y  M  C  P  E  P  N  B  A
R  K  H  B  O  A  O  F  I  O  A  L
A  M  E  N  R  K  P  M  L  O  R  P
C  O  E  K  L  E  P  B  E  D  R  S
K  A  L  D  N  H  E  U  F  T  A  I
E  E  H  I  C  O  R  R  A  K  G  D
R  O  M  A  N  C  A  N  D  L  E  T
```

BARRAGE	FOUNTAIN	SNAP
BURN	FUSE	SPARKLER
CAKE	MINE	SPINNER
COMET	POPPER	WHEEL
DISPLAY	ROCKET	
FIRECRACKER	ROMAN CANDLE	
FIZZ	SNAKE	

Time ....

Puzzle 70: Artists

```
H E P W O R T H C G R T
O L S L G U I E O H L D
C B H M B R V Y N G O N
D A O A S W A R H O L A
K T C T       A G M R
C S K I       K N D B
O N N S       M A Y M
L O E S       I V N E
L C Y E D A V I N C I R
O S S A C I P L N O M U
P O L W M A T U R N E R
M I C H E L A N G E L O
```

CONSTABLE	HIRST	PICASSO
DA VINCI	HOCKNEY	POLLOCK
DALI	KAHLO	REMBRANDT
EMIN	MATISSE	TURNER
GOYA	MICHELANGELO	VAN GOGH
HEPWORTH	MONET	WARHOL

 Time ....

Puzzle 71: Mermaids

```
D  U  B  M  I  R  R  O  R  G  S  E
H  S  I  F  O  L  I  N  G  P  H  U
U  W  H  I  F  D  W  A  T  E  A  N
S  E  L  A  C  S  G  B  H  R  E  D
M  I  R  T  P  O  C  N  A  O  D  E
O  S  N  L  A  E  M  H  I  L  N  R
D  M  H  G  Y  E  S  B  O  K  U  W
N  C  I  F  T  N  S  H  E  L  L  A
         U  S  B  F  I  O  I  T
         A  O  K  S  I  F  A  E
         E  N  C  H  A  N  T  R
         B  E  A  V  I  W  S  L
```

BEAUTY	HAIR	SHELL
COMB	KINGDOM	SING
ENCHANT	MIRROR	SWIM
FINS	SCALES	TAIL
FISH	SEA	UNDERWATER
FOLKLORE	SHAPE SHIFT	

Time ....

Puzzle 72: Christmas Markets

```
C H A L E T O U R I S T
D A E R B R E G N I G R
E N R T O S T H G I L A
C D A U C H A C F N A D
O I U N A L L T I G R E
R C Q T R P O R R S T R
A R S S O D C E F A U L
T A N E U R O P E A N M
I F W H S I H P
O T O C E B C O
N S T A L L Q H
S D R A C M U S
```

ART	DECORATIONS	MUSIC
CARDS	EUROPEAN	SHOPPER
CAROUSEL	GIFT	STALL
CHALET	GINGERBREAD	TOURIST
CHESTNUT	HANDICRAFTS	TOWN SQUARE
CHOCOLATE	LIGHTS	TRADER

 Time ....

Puzzle 73: Zodiac Signs and Elements

```
N D F S A G O T
K G E M Q L V R
O C B D U H I C
S M W A T E R L
A R E I G B U R R P G O
Q E P V O R A Q U B O F
U I D N W E T C O M I R
A G S P A C L W A R P L
R H F R I N I M E G R I
I P I H T A U R U S O B
U E N R O C I R P A C A
S A G I T T A R I U S V
```

AIR	FIRE	SCORPIO
AQUARIUS	GEMINI	TAURUS
ARIES	LEO	VIRGO
CANCER	LIBRA	WATER
CAPRICORN	PISCES	
EARTH	SAGITTARIUS	

Time ....

ADVANCED

Puzzle 74: Frozen

```
P A B B I E D T O H S U
R P C N O T L E S E W M
I O       L S R U B A
N A       O H A N S R
C K       W R P V L S
E E       L E R K L H
S N O W M A N E I A O M
S V A E L L E D N E R A
E R K S F O B N C W T L
W U B U L D A I E C N L
D B M A R I P E S V G O
L F F O T S I R K A S W
```

ANNA	KRISTOFF	PRINCESS
ARENDELLE	MARSHMALLOW	REINDEER
BULDA	OAKEN	SNOWMAN
DUKE	OLAF	SVEN
ELSA	PABBIE	TROLLS
HANS	PRINCE	WESELTON

 Time ....

Puzzle 75: "Silent Night" Lyrics

```
B O R A I M T W
C R G D O T E I
K F I T H O N E
S A H G S V D R
  D E I T H I E D L I H C
  R N S E N T R U Y N E T
  E O D B S U G H T F A N
  H M D Y O T O P C E V A
  P D L I M R E J E G E F
  E O V A H A N O F E N N
  H A S D C H E R A M L I
  S I L E N T C N O L Y S
```

BORN	HOLY	PEACE
BRIGHT	HOSTS	SAVIOUR
CALM	INFANT	SHEPHERDS
CHILD	MILD	SILENT
CHRIST	MOTHER	SLEEP
HEAVENLY	NIGHT	TENDER

Time ....

Puzzle 76: Stockings

```
F R E L L I F B
L M V P A K R E
R A E V T N U O
  N S A N I I
  T A W O T T
  E M M W T F
  L T N E E I
  P S O L D R
  I I T F H E T
  E R T S O P D E B D
  C H O C O L A T E Y M
  E C C K H A N G O W A
    N I O C A T N A S
      E M S L H
```

BEDPOST	COTTON	FRUIT	NAME
CHOCOLATE	FELT	HANG	SANTA
CHRISTMAS	FILLER	KNITTED	SWEET
EVE	FIREPLACE	MANTELPIECE	TOY
COIN			

 Time ....

Puzzle 77: Winter Wonderland

```
G Y N I A R T U H B F H
F A C E P A I N T I N G
O L M T D K P D C L M I
O P R E E D N I E R A E
D S Y V S A O F L S R L
R I S A N T A U V G K S
T D N     N E N E O
S T O     F S I T H
A H W     A M T R E
N G O     I O A I G
D I S W B L V R G K F N
O L E E H W G I B S A M
```

BIG WHEEL
ELVES
FACE PAINTING
FOOD
FUNFAIR
GAMES

GROTTO
LIGHT DISPLAY
MARKET
REINDEER
RIDES
SANTA

SHOW
SKATING
SLEIGH
SNOW
TRAIN

Time ....

Puzzle 78: Hairstyles

```
B U Z Z C U T B S T I A
E U D R E A D L O C K S
E G N I R F A N O B L Y
H Q T E M Y K X P E R M
I F K N E P M I R C N M
V A F R O W Z S D R O E
E L S T B O U F F A N T
Y I C P E R Q F T S G R
        I D L I V X I I
        X G A U Z M H C
        I L Y Q G E C A
        P O N Y T A I L
```

AFRO	BUZZ CUT	PERM
ASYMMETRICAL	CHIGNON	PIXIE
BEEHIVE	CRIMP	PLAIT
BOB	DREADLOCKS	PONYTAIL
BOUFFANT	FRINGE	QUIFF
BUN	LAYERS	TOPKNOT

Time ....

Puzzle 79: Christmas Shopping

```
B H I G H S T R E E T Y
T U O K C E H C Q U E S
R L S C W N G T S H K E
A N G Y S I I F L G R X
F O U D F L N H O X A O
F G R T D N E P S O M B
I A S R X O T Y L A D P
C Q M A K D A G L I C O
A R U W T I L L
D G H E Q K D R
P I L D U C Y V
S H O P P E R S
```

BAGS	FOOD	ONLINE
BOXES	GIFTS	QUEUE
BUSY	HIGH STREET	SHOPPERS
CARDS	LATE NIGHT	SPEND
CASH	MALL	TILL
CHECK OUT	MARKET	TRAFFIC

Time ....

Puzzle 80: World Foods

```
        B K D K C G E Y
        O A L L E A P F
        R H J M S B W N
        K C P I Z Z A M
R I G T S R U W T A R B
I S E L D O O N P K E A
J C S E Z I H S C A D G
A K C O U S C O U S W E
H U M M U S V C R S O L
B E L F F A W A R U H Z
D O N A A N U T Y O C I
C N W N O T G N I M A L
```

BAGEL	CURRY	NOODLES
BHAJI	HUMMUS	PAELLA
BRATWURST	KEBAB	PIZZA
CHOWDER	LAMINGTON	SUSHI
COUSCOUS	MOUSSAKA	TACO
CROISSANT	NAAN	WAFFLE

 Time ....

Puzzle 81: Fairies

```
E R O L K L O F
T I U S H A Y L
C G A R D E N O
H O F E Y L F I
A W A N D O L N E L K T
N S I M R O O V A C I G
G T R N A T W I S H D T
E S Y C G S E S T L E O
L U L I W D R I N G R O
I D A G R A U B U A O T
N V N A E O D L K I S H
G O D M O T H E R W B P
```

CHANGELING	FOLKLORE	TINY
DUST	GARDEN	TOADSTOOL
EARS	GODMOTHER	TOOTH
FAIRYLAND	INVISIBLE	WAND
FLOWER	MAGIC	WING
FLY	RING	WISH

Time ....

Puzzle 82: Musical Instruments

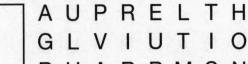

```
R E T D C L W S I P O S
E N F E L G N A I R T B
D I L Y N M U A O E R D
R L K T G I N I E T I S
O O X O R O R L T O C A
C I S B P U P A U A B X
E V P I A A M T L D R O
R A T L N G D P F C A P
        A U P R E L T H
        G L V I U T I O
        R H A R P M S N
        O U K U L E L E
```

BAGPIPE	HARP	SITAR
CELLO	OBOE	STEEL PAN
CLARINET	ORGAN	TRIANGLE
DRUM	PIANO	TRUMPET
FLUTE	RECORDER	UKULELE
GUITAR	SAXOPHONE	VIOLIN

 Time ....

Puzzle 83: Christmas in Sweden

```
M S L E S S A T
D A E R B E Y R
F U H A R M V I
L S R Y V O O C
L L A B T A E M G N H E
T U L I P G A W E G C P
A P R O C E S S I O N U
S G I N G E R B R E A D
L G C H E L N D F S W D
W A R T S Y T E L L P I
C H A N D E L I E R A N
H P I C M H E R R I N G
```

ANCHOVY	HAM	RYE BREAD
CHANDELIER	HERRING	SAUSAGE
EEL	MEATBALL	STRAW
FLAG	PÂTÉ	TASSELS
GINGERBREAD	PROCESSION	TULIP
GNOMES	RICE PUDDING	

Time ....

Puzzle 84: Types of Tea

```
B  L  A  C  K  R  H  E  R  B  A  L
D  T  S  A  F  K  A  E  R  B  G  A
A  T  A  M  W  C  A  M  N  O  N  I
R  K  F  O  G  W  H  E  E  J  O  C
J  A  S  M  I  N  E  A  T  U  L  H
E  Y  E  I  N  R  O  O  I  B  O  S
E  A  R  L  G  R  E  Y  H  L  O  A
L  L  D  E  C  A  F  A  W  T  Y  J
I  B  U  K  T  D  O  S
N  O  M  E  L  N  M  S
G  I  N  G  E  R  I  A
E  L  A  H  C  T  A  M
```

ASSAM	DECAF	LEMON
BLACK	EARL GREY	MATCHA
BREAKFAST	GINGER	MINT
CAMOMILE	GREEN	OOLONG
CHAI	HERBAL	ROOIBOS
DARJEELING	JASMINE	WHITE

 Time ....

Puzzle 85: Card Games

```
O S T H G I E Y Z A R C
B L A C K J A C K O E R
P A D Y W G     K I
E P H M D O     O B
C J T M A F     P B
N A P U L I     R A
S C N R M S D L F I E G
T K V A G H C P D W D E
R Y B F S C H G A J I K
A W H I S T E R M N P F
E C N E I T A P O K S W
H Y S O L I T A I R E J
```

BLACKJACK
BRIDGE
CANASTA
CHEAT
CRAZY EIGHTS
CRIBBAGE

GO FISH
HEARTS
OLD MAID
PATIENCE
POKER
RUMMY

SLAPJACK
SNAP
SOLITAIRE
SPIDER
WAR
WHIST

Time ....

Puzzle 86: Underwater Animals

```
N T U Y E S R O H A E S
I E D O F J E C A P U W
H R B C R E K T M P H A
P L C R T S U I O A S J
L M O A K R R T L Y I E
O A N B T H C E S I F L
D A H L S O Y S T E R L
M P E W S T I N G R A Y
        R E E L K O T F
        B A A R R Y S I
        J E N C R A N S
        S H A R K O W H
```

CRAB	NARWHAL	SHARK
DOLPHIN	OCTOPUS	SHRIMP
EEL	ORCA	STARFISH
JELLYFISH	OYSTER	STINGRAY
LOBSTER	SEAHORSE	TURTLE
MANATEE	SEAL	WHALE

 Time ....

Puzzle 87: Safari Animals

```
C H E E T A H O
R Y R H I N I B
O H G Z G E P J
C P I O E Y P A
O E R N R H O C H Y S F
D W O I O I A K I F B L
I I G M Y K L A P N A E
L E O P A R D L Z E B C
E F F A R I G E A I O N
B A D L B U F F A L O I
S B K A E L E P H A N T
E L L E Z A G I R O N G
```

BABOON	GIRAFFE	LEOPARD
BUFFALO	GORILLA	LION
CHEETAH	HIPPO	RHINO
CROCODILE	HYENA	TIGER
ELEPHANT	IMPALA	ZEBRA
GAZELLE	JACKAL	

Time ....

ADVANCED

Puzzle 88: Christmas in Italy

```
        G N I K C O T S
        A E C S Q U I D
        T P M A O R K C
        G A S L A Q I G
T A G U O N I O T U N O
I E T S A E F H S I F O
R F E S C T O C A W L D
B W K A H T P I P E R W
E U R M N O N N A C E I
L O A Y P N B T E S M T
L N M E N E C S B I R C
U T S K I I N G O P K H
```

BELL	MARKET	POPE
CANNON	MASS	SKIING
CAROL	NOUGAT	SQUID
CRIB SCENE	PANETTONE	ST NICHOLAS
FISH FEAST	PASTA	STOCKING
GOOD WITCH	PIPER	

 Time ....

Puzzle 89: Sweets

```
T L O L L I P O P D M R
F I Z Z Y L E M A R A C
R Q D E L I O B F O U H
B U B B L E G U M Z Y S
M O O H E G D I B I W G
O R F S J G N U A L E J
C I D G E T E B R E H S
Y C H O C O L A T E C M
E E F F O T T C
N W Q U O H N E
O S H E T A I Z
H W O L L A M N
```

BOILED
BUBBLE GUM
CARAMEL
CHEWY
CHOCOLATE
FIZZY

FOAM
FUDGE
HONEYCOMB
JELLY
LIQUORICE
LOLLIPOP

MALLOW
MINT
SHERBET
SOUR
TOFFEE

Time ....

Puzzle 90: Summer Sports

```
F T R U S A R C H E R Y
C I T E O K T A B D E H
Y E L O G P W T E K N V
C G N I E O N A C C F O
L N O W A L L O Y A L L
I I T S K O H F C R B L
N M N A I R T S E U Q E
G M I S U R F I N G U Y
N I M S A E L N G B E B
G W D R O W I N G Y N A
K S A T H U Q E Y R M L
L O B A S K E T B A L L
```

ARCHERY   EQUESTRIAN   RUGBY
BADMINTON   GOLF   SURFING
BASKETBALL   HOCKEY   SWIMMING
CANOEING   POLO   TENNIS
CYCLING   ROWING   VOLLEYBALL

Time ....

Puzzle 91: Winter Sports

```
D P S Y E K C O H E C I
R C T P M U J I K S R B
A K D E E P S M K N O O
O C E G Y G O A H O S B
B O U F N L T R L W S S
W L M I A I J A G K C L
O A I L N N I L N I O E
N K S G O S G P I T U I
S N O W M O B I L I N G
S K E L E T O N R N T H
T B F I G U R E U G R D
J U M N O R D I C A Y G
```

ALPINE	LUGE	SLALOM
BOBSLEIGH	NORDIC	SNOWBOARD
CROSS COUNTRY	SKATING	SNOWKITING
CURLING	SKELETON	SNOWMOBILING
FIGURE	SKIING	SPEED
ICE HOCKEY	SKI JUMP	

Time ....

Puzzle 92: Herbs and Spices

```
S M E A F Y E L S R A P
E B C G E M T U N A T E
V A H F A E L Y A B H P
O F I R O S E M A R Y P
L P L D N G K S N O M E
C L L C O R I A N D E R
V E I P M L S E V I H C
R Y L D A O N A G E R O
    N M O H N D C R
    N I V C U M I N
    I N O R F F A S
    C I R E M U T M
```

BASIL	CORIANDER	PEPPERCORNS
BAY LEAF	CUMIN	ROSEMARY
CHILLI	DILL	SAFFRON
CHIVES	NUTMEG	SAGE
CINNAMON	OREGANO	THYME
CLOVES	PARSLEY	TUMERIC

 Time ....

Puzzle 93: Famous Ships

```
B D G O L D E N H I N D
I M A B Y R O T C I V E
S A R K E E K I N P O T
K Y K C R A M S I B L S
R F R I U D G U K O U E
A L O N O N E L M U S L
S O Y A V O G P E N I E
Y W A T A U F Y T T T C
T E L I E G B R O Y A Y
T R Y T D H E A P L N R
U E S A N T A M A R I A
C T F L E S O R Y R A M
```

ARK ROYAL
BEAGLE
BISMARCK
BOUNTY
CUTTY SARK
DREADNOUGHT

ENDEAVOUR
GOLDEN HIND
LUSITANIA
MARY CELESTE
MARY ROSE
MAYFLOWER

POTEMKIN
SANTA MARIA
TITANIC
VICTORY

Time ....

Puzzle 94: Festive Wreaths

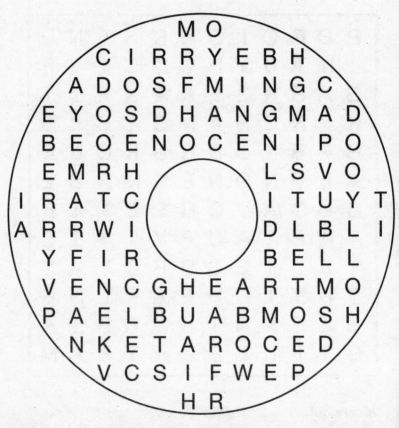

```
        M O
    C I R R Y E B H
  A D O S F M I N G C
E Y O S D H A N G M A D
B E O E N O C E N I P O
  E M R H       L S V O
I R A T C       I T U Y T
A R R W I       D L B L I
  Y F I R       B E L L
  V E N C G H E A R T M O
  P A E L B U A B M O S H
    N K E T A R O C E D
      V C S I F W E P
        H R
```

BAUBLE	DECORATE	HOLLY	PINE CONE
BELL	DOOR	IVY	TWINE
BERRY	FRAME	LEAF	
BOW	HANG	MISTLETOE	
CIRCLE	HEART	MOSS	

 Time ....

Puzzle 95: "Joy to the World" Lyrics

```
P H R E I G N S
L J T N M S A D
D I G R G Y T W
B W D N E K U H
H F O L I C R G E K E A
T S M N O D E H N A T Y
R A G M L R N I C I R B
A J E R A E D U V O S T
E G O P V A S E O E M L
D W E A E I O M Y S O Y
F R E N A R U O I V A S
P H T M T E J L R K I D
```

COME	KING	REIGNS	SONGS
EARTH	LORD	REPEAT	SOUNDING
HEART	NATURE	ROOM	WORLD
HEAVEN	PREPARE	SAVIOUR	
JOY	RECEIVE	SING	

Time ....

Puzzle 96: Going on Holiday

```
L A N I A R T D
T B E F L A X K
A C H E C K I N
T I V P O S M W
C O A U L A N I M R E T
H R A I R F X A V T S I
E H N T Y R E I Y I A C
R C E Y C N E R R U C K
M A V P A S S P O R T E
I O A L R G B O P X I T
O C P A F E R R Y S U R
K O O B N O I T A T S A
```

AIRPORT	FERRY	TAXI
BOOK	PACK	TERMINAL
CAR	PASSPORT	TICKET
CHECK IN	PLANE	TRAIN
COACH	STATION	TRAVEL
CURRENCY	SUITCASE	

 Time ....

Puzzle 97: Tennis

```
T  A  S  G  A  T  A  M  U  E  D  G
V  H  F  I  R  N  L  O  V  Y  P  L
P  R  L  U  T  D  E  U  C  E  H  S
L  A  O  A  C  H  K  T  A  M  U  D
A  C  V  F           G  F  O  B
Y  K  P  S           O  V  C  P
E  E  T  I           C  O  S  S
R  T  L  Y           A  E  E  E
A  L  E  L  E  L  H  C  T  A  M  R
L  E  L  L  O  C  H  K  E  D  A  V
R  A  Y  A  D  V  A  N  T  A  G  E
V  O  B  R  B  D  E  R  I  P  M  U
```

ACE	FAULT	RACKET
ADVANTAGE	GAME	RALLY
BALL	LOVE	SERVE
COACH	MATCH	SET
COURT	NET	UMPIRE
DEUCE	PLAYER	VOLLEY

Time ....

Puzzle 98: Angels

```
L E I R B A G P
S V E T N U A L
C G S T O C R V
L D S G Y H F E
E B E U N O E Y H I S D
G U A R D I A N L C K F
N N E M P R W I P F H H
A C I R A U G R L S E M
H E A S N H A L O U A B
C F E A T H E R S B V N
R E G N E S S E M G E L
A R C O S D I V L Y N R
```

ARCHANGEL	FEATHERS	HALO	MESSENGER
ARMY	FLY	HARP	ROBE
CHERUB	GABRIEL	HEAVEN	SING
CHOIR	GUARDIAN	LIGHT	WINGS

 Time ....

Puzzle 99: Children's Authors

```
D O N A L D S O N G C S
R G A I M A N E E M S N
S R D S C M S B I O L A
E U H G A O W L K I E M
U P O D R K N Y L T W K
S R R U R E T T O P I C
S O W P O T O D T S S A
S M A I L L A W E L B L
      L H N O T Y L B
      L S E R V C L I
      A R O W L I N G
      S Y E N N I K L
```

BLACKMAN	DONALDSON	MORPURGO	WALLIAMS
BLYTON	DR SEUSS	POTTER	WILSON
C S LEWIS	GAIMAN	ROSEN	
CARROLL	KINNEY	ROWLING	
DAHL	MILNE	TOLKIEN	

Time ....

Puzzle 100: Carols

```
D F R B E T H L E H E M
L I T T L E M G S N T E
A R N H U G S D I S K R
R S E G N I C L A S C R
E T R I D F R N E W M I
H M K N W O T R D G A L
S A L S E C N E W O N Y
L N L I F Y C G H T W A
D I O L Y K O N
R D L E S R S A
K T I N L A G M
L B E T A H E R
```

ANGELS	HALLS	MERRILY
AWAY	HARK	NIGHT
BETHLEHEM	HERALD	NOEL
DECK	KING	SILENT
DING DONG	LITTLE	TOWN
FIRST	MANGER	WENCESLAS

 Time ....

Puzzle 101: Wish List

```
S Y A D I L O H
H D S O A F V I
L E S Y E N O M
E P E A C E A M
R T C L V M N T A G P O
Y A F E A C I W I C L R
S L N F R K P C F W O T
H E A L T H P O W E R A
O N L S E G A U G N A L
L T D V M I H N B O V I
M R O W I S D O M A L T
S L M G T V B E A U T Y
```

BEAUTY	LANGUAGES	TALENT
FAME	LOVE	TIME TRAVEL
HAPPINESS	MAGIC	WISDOM
HEALTH	MONEY	WIT
HOLIDAYS	PEACE	
IMMORTALITY	POWER	

Time ....

Puzzle 102: Tool Box

```
E L R D W R E N C H P V
S Q U A R E N N A P S R
A M S       T O R C H
N E D       Q U L R A
D A H       G A N E M
E R I       M Y E W M
R S I L C A P O S L D E
V N T L O B L S C I R R
L E V E L O B Q R F I N
S R E I L P A U E W V M
C I P F C T Y H W N E L
N T A P E M E A S U R E
```

BOLT	NAIL	SCREWDRIVER
CLAMP	NUT	SPANNER
DRILL	PLIERS	SQUARE
FILE	SANDER	TAPE MEASURE
HAMMER	SAW	TORCH
LEVEL	SCREW	WRENCH

Time ....

Puzzle 103: Christmas in Greenland

```
E S I S B F B N
G K N E L F E T
D A U M I O R S
E R I A O E R T
L O T G H S Y A S A B C
S N E T T I M P C T O H
G A A C E N F P D F A U
R E B B U L B L F T K R
H T E E M R W E D G E C
E I K S L A E S P I W H
W H A L E S B C N U L R
H W C A R I B O U H O C
```

ANORAK	CAKE	GAMES	SLEDGE
APPLES	CARIBOU	HEATHER	STAR
AUK	CAROLS	INUIT	WHALES
BERRY	CHURCH	MITTENS	WHITE
BLUBBER	COFFEE	SEALS	

Time ....

Puzzle 104: Breeds of Dog

```
D A C H S H U N D N X T
A P Y G L A B R A D O R
L H U X G O D L L U B O
R P O O D L E K M H I T
C H I H U A H U A C G T
T E R E V E I R T E R W
Y K S U H C U B I D O E
S H E E P D O G A F C I
      I V M L N X B L
      B E A G L E E E
      W T E R R I E R
      E S P A N I E L
```

BEAGLE	DACHSHUND	RETRIEVER
BOXER	DALMATIAN	ROTTWEILER
BULLDOG	HUSKY	SHEEPDOG
CHIHUAHUA	LABRADOR	SPANIEL
COLLIE	POODLE	TERRIER
CORGI	PUG	

 Time ....

Puzzle 105: Breeds of Cat

```
L N A I N I S S Y B A B
A O P B O B T A I L I U
G O E L L O D G A R C R
N C R O X Y A B M O B M
E E S N H H M A G K S E
B N I G P X N Y H P S S
R I A H T R O H S C N E
Y A N A I R E B I S Y T
D M R I C A M T
C O A R G D O B
K O M A N X P I
S I A M E S E G
```

ABYSSINIAN	EXOTIC	RAGDOLL
BENGAL	KORAT	SHORTHAIR
BIRMAN	LONGHAIR	SIAMESE
BOBTAIL	MAINE COON	SIBERIAN
BOMBAY	MANX	SPHYNX
BURMESE	PERSIAN	

Time ....

Puzzle 106: Shapes

```
C R E S C E N T R Y P I
I E R A U Q S U K R N C
R C       U Q I V O L
C T       B S P N S M
L A       M Z E P P U
E N       O B N Y N I
R G O N K V H X T R O Z
E L G N A I R T A A G E
H E D L Y K T X G M A P
P Y B S H I Z E O I X A
S Q A U C Y L I N D E R
M L V O C T A G O N H T
```

CIRCLE	KITE	RECTANGLE
CONE	OCTAGON	RHOMBUS
CRESCENT	OVAL	SPHERE
CUBE	PENTAGON	SQUARE
CYLINDER	PRISM	TRAPEZIUM
HEXAGON	PYRAMID	TRIANGLE

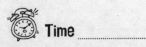 **Time** ....

Puzzle 107: Snow White and the Seven Dwarves

```
Y P M U R G H I
Z E S P W L A Y
E T P C O A P P
E N R O O S P E
Q U E E N U I T D S Y E
U M G H S Q N M S C D L
D I A E T I H W W O N S
I E T I Q U E Z C F N G
A G T G E B A S H F U L
D H O H Y Z E C N I R P
F O C H D I A M O N D S
L N D O P G R B A P A H
```

BASHFUL	GRUMPY	SLEEPY
COTTAGE	HAPPY	SNEEZY
DIAMONDS	HEIGH HO	SNOW WHITE
DOC	MINE	WOODS
DOPEY	PRINCE	
GLASS COFFIN	QUEEN	

Time ....

Puzzle 108: Exercises

```
S H D R B A L O
D S X T M P R P
Y I E E P R U B
E B P R G O C L
X J U M P T I C L S W K
T I S L L A W S Q U A T
E V H X S T P U F N P L
N E U E A I C Y C L E J
S S P W G O Y A B F T M
I I O H C N U R C F S G
O A N K D Q U A I R I K
N R J U M F P L A N K H
```

BURPEE	JUMP	PUSH UP
CRUNCH	LIFT	RAISE
CURL	LUNGE	ROTATION
CYCLE	PLANK	SQUAT
DIP	PRESS	STEP
EXTENSION	PULL UP	WALL SIT

 Time ....

Puzzle 109: "Ding Dong Merrily on High" Lyrics

```
G L O D I N G D O N G H
H O S I S L E C X E I O
E S A K         H G V S
A T Y L         H N E A
V E L R         G U R N
E E I U         N W I N
N P R G N I G N I S A A
W L R I V E N T G M N G
O E E B L X D I N S G H
L G M A K Y V B I N E X
E L P O E P A I R O L G
B E L L S M E R V D S W
```

ANGELS	HEAVEN	RIVEN
BELLS	HIGH	SINGING
BELOW	HOSANNA	SKY
DING DONG	MERRILY	STEEPLE
EXCELSIS	PEOPLE	SWUNGEN
GLORIA	RINGING	VERILY

Time ....

ADVANCED

Puzzle 110: Nobel Prize Winners

```
N E I R U C E I R A M I
I M R E F U F N M Y O N
E M A N D E L A N A T O
T U T U F L B T K W H C
S S C H R O D I N G E R
N S E D G V N D L N R A
I D Y L N G H Y K I T M
E T G N I M E L F M E O
    L O U A G E R T
    P B T N N H E G
    I A O N I E S T
    K W V O L V A P
```

DYLAN
EINSTEIN
FERMI
FLEMING
HEMINGWAY
KING

KIPLING
MANDELA
MARCONI
MARIE CURIE
MOTHER TERESA
OBAMA

PAVLOV
SCHRODINGER
T S ELIOT
TUTU

 Time ....

Puzzle 111: Minerals

```
L M U I S E N G A M R E
O A G R A P H I T E U D
H N Z T R A U Q P P H I
P G R A S E H P T Z P R
O A E D I R O L H C L O
T N D Z L C A L P H U U
A E K L I B A L C E S L
S S U R O H P S O H P F
S E O C L G A N
I N I C K E L I
U Z I N C L A T
M U I C L A C D
```

CALCIUM	GRAPHITE	PHOSPHORUS
CHLORIDE	IRON	POTASSIUM
COBALT	LEAD	QUARTZ
COPPER	MAGNESIUM	SULPHUR
FLUORIDE	MANGANESE	TALC
GOLD	NICKEL	ZINC

Time ....

Puzzle 112: Christmas in France

```
        S F T E K R A M
        M I D K C U D I
        P A C I H A U D
        R A R T E R W N
    S L I A N S I Y S S S I
    H S P D K W B U T R U G
    O Y L B R O S L N E C H
    E E M E I R C E U T R T
    S D A E O T E L T S I M
    C T R P O N N O S Y C A
    H S E K A C E G N O P S
    Y U L F I R E W O R K S
```

CANDLES	MARKET	SHOES
CHESTNUTS	MIDNIGHT MASS	SNAILS
CIRCUS	MISTLETOE	SPONGE CAKE
CRIB SCENE	NOEL	WREATH
DUCK	OYSTERS	YULE LOG
FIREWORKS	PARADE	

 Time ....

Puzzle 113: Gone Camping

```
D R E T H G I L E G R O
S W O L L A M H S R A M
T C O O L B O X K O E K
A O X P S G C F R U P C
R N R E T N A L H N O A
O A L C G I M A E D R P
T O M N H P P G E S Y K
P Y S A F E F V L H U C
      L E I U S E G A
      A L R G V E U B
      S S E V O T S F
      K P I T E N T L
```

BACKPACK	GUY ROPE	POLES
CAMP FIRE	LANTERN	SLEEPING BAG
COOLBOX	LIGHTER	STOVE
FLASK	MALLET	TARP
FUEL	MARSHMALLOWS	TENT
GROUNDSHEET	PEGS	TORCH

Time ....

Puzzle 114: Swimming

```
L E N G T H B P
I K N D O S T R
F O I A N A H S
E R V C L E G A
G T O A K N U P L U S E
U S D N L W A D O B H R
A T I R T F R L A O A T
R S V D A L S C U L L C
D A E R T O K I R E L I
S E R D N A B M R A O K
P R F E R T N O A T W L
E B U T T E R F L Y O L
```

ARMBAND	DEEP	LENGTH
BACK	DIVE	LIFEGUARD
BOARD	FLOAT	POOL
BREASTSTROKE	FRONT	SCULL
BUTTERFLY	KICK	SHALLOW
CRAWL	LANE	TREAD

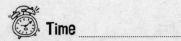 Time

Puzzle 115: Log Burner

```
W O H D C H I S E G R N
E A M I T X O B E R I F
U G R R T S M U D S M L
F L A M E S U X O E E A
C E O O L F Q D O H C R
H E A T T P U U W S I S
I T K         E T A R G
M S U         U L W S O
N C Q         L I M T K
E O I         F O O E S
Y N R U B D N K X G R B
A B R I Q U E T T E S M
```

ASHES	FLUE	LOGS
BRIQUETTES	FUEL	SAWDUST
BURN	GRATE	SMOKE
CHIMNEY	HEARTH	STEEL
FIREBOX	HEAT	WARM
FLAMES	IRON	WOOD

Time ....

ADVANCED

Puzzle 116: Religions

```
        M A M U S T W Z
        U J E D D S T O
        S K T N L I C R
        L I H I I O Z O
N L O C I L O H T A C A
A A T E M H D P K T J S
C O N F U C I A N I S T
I L I F U S S D J F S R
L K H J M A T B S E A I
G T S I H D D U B N W A
N R A S T A F A R I A N
A L W N A I T S I R H C
```

ANGLICAN   JAIN   SIKH
BUDDHIST   JEW   SUFI
CATHOLIC   METHODIST   TAOIST
CHRISTIAN   MUSLIM   ZOROASTRIAN
CONFUCIANIST   RASTAFARIAN
HINDU   SHINTO

 Time ....

Level
Four:
Ace Puzzlers

ACE PUZZLERS

Puzzle 117: Christmas in North America

```
H Y A D I R F K C A L B L S
I C E S C U L P T U R E R C
R U O F E S N R E T N A L I
F M B O S E L A M A T G A P
T U A R K R E U A S D O N Y
O L F E A I C K L
D B F M T F E A N
N H M M I N D S P
R K A U N O A H I
O A N M G B R I C
C T N A E G A P K I E V M G
P T A F F Y P U L L A N E C
O U Y D N A C Y E L R A B O
P R T U R N I P S K A T H R
```

BARLEY CANDY	ICE SCULPTURE	PICKLES
BLACK FRIDAY	ICE SKATING	POPCORN
BONFIRES	LANTERNS	SAUERKRAUT
COOKIES	MUMMER	TAFFY PULL
GUMBO	PAGEANT	TAMALES
HAM	PARADE	TURNIPS

 Time ....

Puzzle 118: Mountains and Volcanoes

```
        D T W S N E D M K
        N A H G V L E T J
        J B K E L B W T U
        U L R A G O Y W N
        F E S U R B L E G
P O J D B S U G A R L O A F
B L S E T E V J E K U B W R
L D U N S I N A I I G L J A
A G P A C A C N G K B S U U
N A M L M A T T E R H O R N
C W Y I K G W N R V A R E R
T O L Y H I V E V J I T M O
W I O B R N O D W O N S E N
K R A K A T O A U A O L W C
```

BEN NEVIS	EVEREST	OLYMPUS
BLANC	FUJI	SINAI
COOK	JUNGFRAU	SNOWDON
DENALI	K TWO	SUGARLOAF
EIGER	KILIMANJARO	TABLE
ELBRUS	KRAKATOA	ULURU
ETNA	MATTERHORN	

Time ....

ACE PUZZLERS

Puzzle 119: Famous Streets

```
C H A N D N I C H O W K K R
H A R L E Y P L D R O F X O
A P A             I R D
M P G             F D E
P I R T S S A G E V A T R O
S H A M B L E S L O L H A D
E C D D A O R Y E B B A B R
L R O X F V E G Y R M V M I
Y A W N A I P P A O A E O V
S O N B B M F I F A R N L E
E L I M L A Y O R D A U I G
E L N G L D X N K W L E M S
S A G H I N O T F A R G L Y
G W H C A R N A B Y A W U T
```

ABBEY ROAD	DOWNING	OXFORD
APPIAN WAY	FIFTH AVENUE	RODEO DRIVE
BROADWAY	GRAFTON	ROYAL MILE
CARNABY	HARLEY	SHAMBLES
CHAMPS-ÉLYSÉES	LA RAMBLA	VEGAS STRIP
CHANDNI CHOWK	LOMBARD	WALL

 Time ....

Puzzle 120: Paralympic Events

```
G N P O W E R L I F T I N G
E B A D S Q S I N N E T P O
D T Y N C U S Y R E H C R A
C R B O I E M J B F L O O L
O I A W T S M A O G Q D W B
B A S K E T B A L L U Y I A
A T W E L R N K I J C R N L
D H I A H I F E N C I N G L
M A M T T A S H O O T I N G
I L M C A N O E B O C C I A
N O I Y E         J U Q L T
T N N O W         P Y R C H
O L G O T         L P B Y A
N A C C U         D S N C I
```

ARCHERY	EQUESTRIAN	SHOOTING
ATHLETICS	FENCING	SWIMMING
BADMINTON	GOALBALL	TAEKWONDO
BASKETBALL	JUDO	TENNIS
BOCCIA	POWERLIFTING	TRIATHALON
CANOE	ROWING	
CYCLING	RUGBY	

Time ....

ACE PUZZLERS

Puzzle 121: Puzzling Puzzles

```
W O R D T R A I L
O D T O B K L O P
R W I T R J G W G
D I F T D I F E J
S E D O C G S K C
E D R D I F F E R E N C E G
A R O O L W N U M Z C R C H
R U W T G E K C I A E O N E
C R Y P T O G R A M N S E D
H M L Q D Y I C H E S S U D
F R S U E R U T C I P W Q S
W A S G I J R V H L W O E P
D M A T O Q N U M B E R S Z
K C I T S H C T A M L D A C
```

CHESS
CODE
CROSSWORD
CRYPTOGRAM
DIFFERENCE
DOT TO DOT

JIGSAW
LOGIC
MATCHSTICK
MAZE
NUMBER
PICTURE

RIDDLE
SEQUENCE
SUDOKU
WORD FIT
WORD TRAIL
WORDSEARCH

 Time ....

Puzzle 122: Space Exploration

```
M O O N       R E V O R
A B S R       S P F E T
S S T E       A O L B R
T E A D       T C Y B N
R R T N       E S B U I
O V I A C A P S U L E Y U Z
N A O L O A L P O L L O P A
A T N B M S A L F I E R H T
U O L L Y T N E L T T U H S
T R T T L O E V Y E B O R P
S Y I E D S T O R B I T E R
A U K S M B M R L A N H U B
E Z S D I O R E T S A V Y I
D L O N P A C O P W E M R P
```

APOLLO	LANDER	ROVER
ASTEROID	MOON	SATELLITE
ASTRONAUT	NASA	SHUTTLE
CAPSULE	OBSERVATORY	SOYUZ
COMET	ORBITER	STATION
FLYBY	PLANET	TELESCOPE
HUBBLE	PROBE	

Time ....

ACE PUZZLERS

Puzzle 123: Santa's Reindeer

```
            G I S L E O S N C
            D A N T L O L O M
            A M D A S H E R A
            S T O R R A C I G
            X E N S L E I G H
L T O D A N V N R S R U D T
D G I C O M O E E Z U C P H
L D P R A N T R L F D B V P
O M A G C O M E T O O V Y S
B L I T Z E N C N H L Y E H
H C A R R E C N A R P I L S
N E V I X P R A G S H O V Y
F O L I T R U D I P U C L E
S E V O O H S A B I D F G E
```

ANTLERS   DASHER   NORTH POLE
BLITZEN   DONNER   OLIVE
CARROTS   FLY   PRANCER
COMET   HOOVES   RUDOLPH
CUPID   MAGIC   SLEIGH
DANCER   MOSS   VIXEN

 Time ....

Puzzle 124: Major Inventions

```
E P R I N T I N G C K V L X
L R E F R I G E R A T O R P
E A T S V W A C O M P A S S
C I U L B H M T W A Y L C T
T L P O T E N R E T N I A E
R W M O C E S I A N T G M E
I A O T E L E P H O N E E L
C Y C K B W F R I W A L R P
I T L I G H T B U L B E A C
T I O O T C I L P
Y L C A M T E E V
A F K E N G I N E
W E N A L P N O T
X R A I N S T E R
```

ANTIBIOTICS	ENGINE	STEEL
CAMERA	INTERNET	TELEPHONE
CAR	LIGHT BULB	TOOLS
CLOCK	PLANE	TV
COMPASS	PRINTING	WHEEL
COMPUTER	RAILWAY	X-RAY
ELECTRICITY	REFRIGERATOR	

Time ....

Puzzle 125: Bread

```
    A I C C A C O F
   T R G S P E T A R L
    I M B A S U H R Y N N F
P C I A O O M K E L T A B U
Y R F O C D P U M N S D A K
D O F I S O E C O B N F G N
M I B S O U R D O U G H E A
T S A R B U N N L U D A L T
E S G O M P I N B Y S L P T
C A U P E H C O I R B O R A
A N E H O G K T T F E A D B
U T T U F D E A C C F A N A
R I T E H O L B R A L U D I
C D E D I A R B A G H E M C
```

BAGEL	CIABATTA	NAAN
BAGUETTE	COB	PITA
BATON	CORNBREAD	PUMPERNICKEL
BLOOMER	CROISSANT	RYE
BRAIDED	CRUMPET	SODA
BRIOCHE	FOCACCIA	SOURDOUGH
BUN	MUFFIN	

Time ....

Puzzle 126: The Nightmare Before Christmas

```
W N D E B C H R I S T M A S
T R I L S I H T S T A H W K
F V O O O G I E B O O G I E
S C A Y L L K Z C I G N E L
K N S J A R R H O P G E D L
C C O P U M S A L L Y Z F I
A S O F N I K L E S E E I N
J F C H I L T L R K H J N G
B U L R S L O O R E Z A M T
        O A W A N T D Y O
        D T E B O O V S N
        G N E W C I D A L
        A A N I K P M U P
        R S J A T D E S O
```

BARREL	MAYOR	SHOCK
CHRISTMAS	OOGIE BOOGIE	SKELLINGTON
HALLOWEEN	PUMPKIN	TOWNS
JACK	RAG DOLL	WHAT'S THIS
KING	SALLY	ZERO
LOCK	SANTA	

Time ....

ACE PUZZLERS

Puzzle 127: Famous Explorers

```
S N L L A N E S D N U M A O R
R I B N B A T T U T A F R S
G E U O A M A G A D E D M U
C O R T E S R A S T T I S B
O O T E D B G P E L S N T M
L C O L E N A V N B U D R U
I B N K M A G S N P O L O L
F S A C A G A W E A C Y N O
B R G A G A R E I L M A G C
D L F H E M I P F
E N I S L B N O R
N E L L I E B L Y
M E Y R A L L I H
M A G E L L A N A
```

AMUNDSEN	COUSTEAU	IBN BATTUTA
ARMSTRONG	DA GAMA	MAGELLAN
BURTON	DRAKE	NELLIE BLY
COLUMBUS	FIENNES	POLO
COOK	GAGARIN	SACAGAWEA
CORTÉS	HILLARY	SHACKLETON

 Time ....

Puzzle 128: Dance Styles

```
S F P T A N Z J I W N O S X
L A D B O L L Y W O O D A P
T R M I G B A L L E T H M S
O U Q B N F Z A Y L S C O X
R P E N A S Z J L K E I G Q
T A N W R         M L B N U
X W D U S         B R E A K
O K I V E         R A C T H
F R S S L         C H K W O
E U C K T Z Z A J A C N I O
V M O P E T S K C I U Q J W
B M X N L L Y H L D V G A P
T W I G D A A B M O D E R N
S L J O O W P G E K F O J T
```

BALLET	FOLK	RUMBA
BELLY	FOXTROT	SAMBA
BOLLYWOOD	JAZZ	TANGO
BREAK	JIVE	TAP
CHA CHA	LINE	TWIST
CHARLESTON	MODERN	WALTZ
DISCO	QUICKSTEP	

Time ....

ACE PUZZLERS

Puzzle 129: Biscuits

```
I T T O C S I B T
D C O O K I E J A
C H O C O L A T E
U F R A J M A W N
S K W R V S M E I
T H O A T T B U T L O M W D
A F R M F L O O N H S A E I
R R R E E E S E E H C C L G
D E A L R C R E R G I I N E
C G T B O U R B O N A C R S
R N T T I K S W L U E J A T
E I R R U S D K F D R A G I
A G A R I B A L D I C H O V
M A C A R O O N I G N U L E
```

ARROWROOT
BISCOTTI
BOURBON
BUTTER
CARAMEL
CHEESE
CHOCOLATE

COOKIE
CUSTARD CREAM
DIGESTIVE
FLORENTINE
GARIBALDI
GINGER
ICED

JAM
MACAROON
OAT
RICH TEA
RUSK
WAFER

Time ....

Puzzle 130: Geology

```
F A U L T V S D T
O H N F M E Y I P
S R E T A R C D H
S Q A B V L O S S
I U S K E M G C E
R E Y A L L A R E N I M O K
S R G R A N I T E C T V N A
E U L V M B G M U E R O C U
L P A O G R E B E C I U P Q
H T C L A G Q I S S F G S H
F I I C M V U P O L T I M T
K O E A L Y A R A C V O L R
I N R N G W E L D V M C N A
P F T O C K U S E L N K M E
```

CORE	FOSSIL	LIMESTONE
CRATER	GEM	MAGMA
CRUST	GLACIER	MINERAL
EARTHQUAKE	GRANITE	RIFT
EROSION	ICEBERG	ROCK
ERUPTION	LAVA	VOLCANO
FAULT	LAYER	

Time ....

ACE PUZZLERS

Puzzle 131: "White Christmas" Lyrics

```
C T U S S H I N O W C A D Y
B H R L N E R D L I H C E P
M R R E I O N R G G R I H C
W H I I E S W O N L W S T N
R C H G S T T O K I L D R E
T A W H H T O E N T E R T P
G R M B E T M P N K H I U S
G A S E R A M A S N R N I D
Y L L L R W R Y S W C F T E
S C I L I R M S L
B H A S N K Y A E
H W I R T A E K L
R D T O D E S U M
D R E A M I N G Y
```

BRIGHT	HEAR	SLEIGH BELLS
CARD	KNOW	SNOW
CHILDREN	LIKE	TREETOPS
CHRISTMAS	LISTEN	USED
DAYS	MAY	WHITE
DREAMING	MERRY	WRITE
GLISTEN	ONES	

 Time ....

Puzzle 132: Jobs

```
L A S I N U R P O D H T P D
A I N V E N T O R O T C O D
W R I T E R N U R S E H L F
Y L N G M T S I T R A R I O
E L T N O O F I U B C E C O
R E S S E R D R I A H D E T
D B M A C T O R O V E L O B
C S R E T H G I F E R I F A
F Y N V C L E A N E R U F L
          H A F O W E B I L
          B A K E R G A C E
          V E N G I N E E R
          M Y O I N I S R D
          L W F A C S S L C
```

ACTOR	ENGINEER	NURSE
ARTIST	FIRE FIGHTER	POLICE OFFICER
BAKER	FOOTBALLER	SINGER
BUILDER	HAIRDRESSER	TEACHER
CHEF	INVENTOR	VET
CLEANER	LAWYER	WRITER
DOCTOR	MECHANIC	

Time ....

ACE PUZZLERS

Puzzle 133: Countries

```
J W T N G H K C F L N N C R
R A A H E E I N E R A A U E
L R A U A X R N O P A T R L
I I K J E I I M A R A N I F
        W L J A I W Z C Z
        I B A L N A A I E
        F N A N R Y A Y G
        D R I B D M O H Y
        T N M A M P A P P
S Y T C S I U A E U I W N T
A P L U H I N R L X K Z A Y
A U A A J I C D K E I R I I
S R S I T A N E I E C C B L
I U F T N I P A L A Y I O W
```

AUSTRALIA	FRANCE	ITALY	THAILAND
BRAZIL	GERMANY	JAPAN	TURKEY
CHINA	ICELAND	MEXICO	UK
EGYPT	INDIA	NORWAY	USA
FIJI	IRAN	SPAIN	ZIMBABWE

 Time ....

Puzzle 134: Laughing

```
G U F K O R T S O U T D A L
U R E L K C U H C R E S N M
F A L L A B O U T L E T Y W
F S U S T E E C O S M I N P
A T M N F R J T W H G I G F
W I D I A G O H A R C N S G
C K A G L S E H C I T S N I
G I G G L E F K C E E T H G
R N S E G S N I C K E R A E
P S N R         H O W L
U O I N O       A E P H K
S N O R T A     H E E U O C
E N S H L C R A C K U P W A
G B R O W L P U E S A E R C
```

CACKLE	FALL ABOUT	HOWL	SNICKER
CHORTLE	GIGGLE	IN STITCHES	SNIGGER
CHUCKLE	GRIN	ROAR	SNORT
CRACK UP	GUFFAW	SHRIEK	TEE HEE
CREASE UP	HA HA	SMILE	WHOOP

Time ....

ACE PUZZLERS

Puzzle 135: "Hark! The Herald Angels Sing" Lyrics

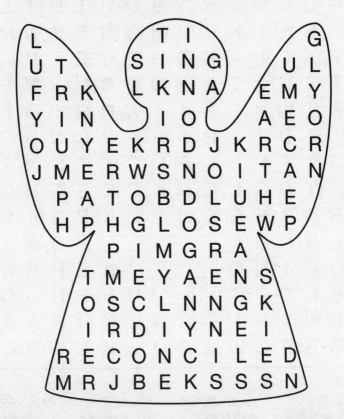

```
        T I
L     S   N G        G
U T   L K N A    U   L
  F R K     E M    Y
  Y I N   I O   A E   O
 O U Y E K R D J K R C R
 J M E R W S N O I T A N
  P A T O B D L U H E
  H P H G L O S E W P
    P I M G R A
    T M E Y A E N S
    O S C L N N G K
    I R D I Y N E I
   R E C O N C I L E D
   M R J B E K S S S N
```

ANGELS	HERALD	MILD	RISE
EARTH	JOIN	NATIONS	SING
GLORY	JOYFUL	NEWBORN	SINNERS
GOD	KING	PEACE	SKIES
HARK	MERCY	RECONCILED	TRIUMPH

 Time ....

Puzzle 136: Candles

```
T C A N D L E S T I C K U L
R E S V E G S N H R P D F X
T B N A T O B U G E L I A Y
P A V S N D L F I P I W R A
S M Y M E I G F L A M E P D
V E E O C F L O A T I N G H
O N S L S D W U E F F L O T
T W X M T R I T T V O P D R
I C O A A X E N L W P F F I
V K E L D         I S T B
E H L I B         L C U A
D I F U Y         B E K O
P P R M G         D I V W
O N B L S         E T Y A
```

BIRTHDAY	FLAME	PILLAR	TAPER
BLOW	FLOATING	SCENTED	TEALIGHT
BURN	GLOW	SMOKE	VOTIVE
CANDLESTICK	HEAT	SNUFF OUT	WAX
DRIP	MELT	SOY	WICK

Time ....

ACE PUZZLERS

Puzzle 137: Famous Kings

```
O L D     R S I P     Q O P
R O B E R T T H E B R U C E
I U B A R T D N T K I C S T
C I S R L F R I G H C E K E
H S A T U T L D L O R A H R
A Q L H N A H A J H A H S T
R U S U Q U O L O D S A T H
D A E R E D N A X E L A O E
F T C N A H K S I H G N E G
I O N X R O B A W G H E X R
R R E C H A R L E M A G N E
S Z W S O L O M O N F N T A
T E A N U M A H K N A T U T
H E N R Y E I G T H E R O D
```

ALEXANDER	HAROLD	ROBERT THE BRUC
ALFRED	HENRY EIGHTH	SALADIN
ARTHUR	HEROD	SHAH JAHAN
ASHOKA	LOUIS QUATORZE	SOLOMON
CHARLEMAGNE	PETER THE GREAT	TUTANKHAMUN
GENGHIS KHAN	RICHARD FIRST	WENCESLAS

 Time ....

Puzzle 138: Famous Queens

```
T A M     O D I D     A I C
A M A R I A T H E R E S A S
E L I Z A B E T H F I R S T
R E R J N E G R E Y Z E J O
G B O O N H N E L M A R A C
E E T S E S M R E N J Z N S
N Z C E B F A E N E V A E F
I E I P O O R V O F I B G O
R J V H L N Y E F E N O R Y
E G U I E E F N T R E U E R
H J A N Y E I I R T H D Y A
T Q U E N U R U O I D I D M
A N N I A Q S G Y T Z C A T
C L E O P A T R A I N A R B
```

ANNE BOLEYN	GUINEVERE	MARY FIRST
BOUDICA	HELEN OF TROY	MARY OF SCOTS
CATHERINE GREAT	JANE GREY	NEFERTITI
CLEOPATRA	JEZEBEL	QUEEN OF SHEBA
DIDO	JOSEPHINE	RANIA
ELIZABETH FIRST	MARIA THERESA	VICTORIA

Time ....

ACE PUZZLERS

Puzzle 139: Christmas in China

```
K R A P T N E M E S U M A P
A E E R T C I T S A L P L A
R W       C H A P P E R P
A O       E R N L C P A E
O L       S H E G A R N R
K F       K A I R R T R C
E E A R K J A F T L D S E H
I C H A R I T Y W O R K T A
V S H O P P I N G W I A N I
O A L A V I N R A C C R A N
M P W J I N G L E B E L L S
P P E R F O R M A N C E A H
L A R G L V E U R T A B N O
L E B E T N A R U A T S E R
```

AMUSEMENT PARK	GIFT	PAPER CHAINS
APPLE	ICE SKATING	PARTY
CARD	JINGLE BELLS	PERFORMANCE
CARNIVAL	KARAOKE	PLASTIC TREE
CHARITY WORK	LANTERN	RESTAURANT
FLOWER	MOVIE	SHOPPING

 Time ....

Puzzle 140: Prehistoric Beasts

```
T Y R A N N O S A U R U S I
P T E R O D A C T Y L U S R
R S U C O D O L P I D N U T
O P T H T N A C A L E O C H
T O D A E O D O N N O D E A
P T M E G A L O D O N O B D
A A N O D O L Y M L O N E R
R R O P       A E D A S O
I E D T       M H O U M S
C C O E       M C O G I A
O I L R       O R R I N U
L R I Y       T A T R M R
E T M X       H A D G I U
V U S S T E G O S A U R U S
```

ARCHAEOPTERYX
ARCHELON
COELACANTH
DAEODON
DIPLODOCUS
HADROSAURUS
IGUANODON

MAMMOTH
MEGALODON
MINMI
MYLODON
PTERODACTYLUS
SEBECUS
SMILODON

STEGOSAURUS
TRICERATOPS
TROODON
TYRANNOSAURUS
VELOCIRAPTOR

Time ....

ACE PUZZLERS

Puzzle 141: Rainy-Day Activities

```
S T E P P U P W O D A H S C
A H P E H C R G N I K A B O
R O T R O F T E K N A L B L
C R A F T S U S E R O H C O
I I K O O B P A R C S S A U
S G C R A P T E K Y T S Z R
U A D M L A H S T S B U Z I
M M I A B O A R D G A M E N
E I S N U P A R E A D I N G
H S C C M P A A L
B I O E A C K F Z
L D R E S S U P Z
A F T E A P B L U
I G N I T N I A P
```

BAKING
BLANKET FORT
BLOCKS
BOARD GAME
CARDS
CHORES
COLOURING

CRAFTS
DISCO
DRESS UP
MUSIC
ORIGAMI
PAINTING
PERFORMANCE

PHOTO ALBUM
PUZZLE
READING
SCRAP BOOK
SHADOW PUPPETS
TEA PARTY

 Time ....

Puzzle 142: Famous Buildings

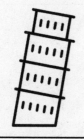

```
E  B  I  G  B  E  N  F  A
M  U  E  S  S  O  L  O  C
A  L  F  O  H  O  U  R  R
D  A  F  P  T  A  J  B  O
E  R  V  U  O  L  R  I  P
H  T  O  P  E  R  A  H  O  U  S  E  D  O
T  G  R  E  A  T  P  Y  R  A  M  I  D  L
A  H  R  E  W  O  T  L  E  F  F  I  E  I
J  E  K  N  O  N  E  H  T  R  A  P  N  S
M  R  B  U  R  J  A  L  A  R  A  B  C  P
A  K  I  H  A  G  I  A  S  O  P  H  I  A
H  I  E  S  U  O  H  E  T  I  H  W  T  R
A  N  E  U  Q  S  O  M  E  U  L  B  Y  U
L  E  A  N  I  N  G  T  O  W  E  R  L  B
```

ACROPOLIS	FORBIDDEN CITY	NOTRE DAME
BIG BEN	GHERKIN	OPERA HOUSE
BLUE MOSQUE	GREAT PYRAMID	PARTHENON
BURJ AL ARAB	HAGIA SOPHIA	SHARD
COLOSSEUM	LEANING TOWER	TAJ MAHAL
EIFFEL TOWER	LOUVRE	WHITE HOUSE

Time ....

ACE PUZZLERS

Puzzle 143: Positive Words

```
G  N  I  Z  A  M  A  N  T
N  R  G  O  N  D  I  Z  I
I  T  E  R  R  I  F  I  C
H  B  G  A  A  I  C  R  R
S  R  O  E  T  N  R  E  E
I  E  O  W  O  N  D  E  R  F  U  L  D  T
N  P  D  E  L  B  I  D  E  R  C  N  I  S
O  U  T  S  T  A  N  D  I  N  G  L  D  U
T  S  U  O  D  N  E  P  U  T  S  P  N  O
S  U  M  A  R  V  E  L  L  O  U  S  E  L
A  P  R  E  M  A  R  K  A  B  L  E  L  U
T  N  E  L  L  E  C  X  E  W  A  W  P  B
M  A  G  N  I  F  I  C  E  N  T  O  S  A
S  P  X  E  R  C  I  T  S  A  T  N  A  F
```

AMAZING	GREAT	SPLENDID
ASTONISHING	INCREDIBLE	STUPENDOUS
EXCELLENT	MAGNIFICENT	SUPERB
FABULOUS	MARVELLOUS	TERRIFIC
FANTASTIC	NICE	WONDERFUL
GOOD	OUTSTANDING	
GRAND	REMARKABLE	

⏰ **Time** ....

Puzzle 144: Extreme Weather

```
H  E  R  I  F  D  L  I  W  E  D  I  C  E
A  V  A  L  A  N  C  H  E  N  B  G  Y  L
I  A  E  D  I  L  S  D  N  A  L  N  C  T
L  W  P  U  D  R  M  C  Y  C  I  I  L  H
S  T  H  G  U  O  R  D  H  I  Z  N  O  U
T  A  V  R  O  T  O  I  A  R  Z  T  N  N
O  E  D  I  R  F  T  L  I  R  A  H  E  D
R  H  U  R  M  I  S  T  F  U  R  G  I  E
M  R  O  N  S  R  E  Y  I  H  D  I  F  R
         D  C  P  V  L  F  L  T  S
         W  I  H  E  A  V  U  H  T
         O  T  O  R  N  A  D  O  O
         N  D  O  W  N  P  O  U  R
         S  A  N  D  S  T  O  R  M
```

AVALANCHE	HAILSTORM	SANDSTORM
BLIZZARD	HEAT WAVE	SNOWDRIFT
CYCLONE	HURRICANE	THUNDERSTORM
DOWNPOUR	ICE STORM	TORNADO
DROUGHT	LANDSLIDE	TYPHOON
FLOOD	LIGHTNING	WILDFIRE

Time ....

ACE PUZZLERS

Puzzle 145: Rivers

```
S E G N A G C E Z T G N A Y
U E Z I C V B N A R R L U E
D A M A Z O N W M E Z K S L
I M Y A R R U M E S O Y A L
P B U S H T D I K N S U V O
P Y K N I H Z S G U F G O W
I A T E N A R E D O T G M C
S N I L E M F N L V W P C O
S I S N G E I L A N O C O L
I G I N D S I H R O L L N O
S E P                 R G R
S R P                 T O A
I Z E B M A Z T E B U N A D
M E K O N G A O R I N O C O
```

AMAZON	INDUS	NILE	VOLGA
COLORADO	MEKONG	ORINOCO	YANGTZE
CONGO	MISSISSIPPI	RHINE	YELLOW
DANUBE	MURRAY	SEINE	YUKON
GANGES	NIGER	THAMES	ZAMBEZI

Time ....

Puzzle 146: Football

```
T D R A S O L E E R E F E R
K L G O S U B S T I T U T E
I C M G O A P M A N E N W G
C O I F R E Y A L P B O O A
I R D K C A T T A S A A F N
R E F I         L S F A
L E I T         B U S M
I P E A         D B I A
N A L I C D E C N E F E D T
E P D T T A S S K I H G E C
S K I P P E R O K T C R O H
M I D T A F O D E F O F F C
A T T U C B A E D C A R U I
N C E T C H L F S U B O O D
```

ATTACK	FOUL	MATCH	PLAYER
BOOKED	GOAL	MIDFIELD	REFEREE
CARD	KICK	OFFSIDE	SCORE
CROSS	LINESMAN	PASS	SKIPPER
DEFENCE	MANAGER	PITCH	SUBSTITUTE

Time ....

ACE PUZZLERS

Puzzle 147: The Elves and the Shoemaker

```
C L O T H E S U N
C U S T O M E R S
B I T G A F O H H
C C I N R O H R O
Y U T I P N S W E
I S C N H Y V A M O N E Y S
F H H R R E H T A E L A D T
I C L O L F I N K V G D B I
N L M M E O O K E W V F I D
I S O D A C V S R E M M A H
S K R C V G T K E E L V H U
H O K G P V D H F W A T G L
E V E N I N G I A S H V N M
D E H C T A W Y I S O P B C
```

CLOTHES	FINISHED	MORNING	SHOES
CUSTOMERS	HAMMER	POOR	STITCH
CUT	HID	RICH	WATCHED
ELVES	LEATHER	SEW	WIFE
EVENING	MONEY	SHOEMAKER	

Time ....

Puzzle 148: Waterfalls

```
T R E S H E R M A N A S O Y
N E S S O F L E J K L I T N
A S W H R F B E B L E G N A
G S A C S R D N L I G A I D
U O K A E E L I N E U L B W
L F J B S I Y A I V T P S K
Y L D N H T U G U L W C R V
O L E E O H J R N A O S Y I
S U T H E R L A N D L U V C
E G I C H U     I L C K T
M T A I G M     R A A J O
I S N E D I     B W U E R
T E V R O R     L S G R I
E N W O R B     U I I B A
```

ANGEL
BLUE NILE
BRIDALVEIL
BROWNE
DETIAN
GULLFOSS
HORSESHOE

IGUAÇU
JOG
KJELFOSSEN
NIAGRA
REICHENBACH
RHINE
SUTHERLAND

SWALLOW
TRES HERMANAS
TUGELA
VICTORIA
YOSEMITE

Time ....

Puzzle 149: Unicorns

```
F O R A L E G J L
H E A C I G T B S
S W I L A R B I T
P G E N D R O H T
A L D G E L K W E
O S P A M R I E L N F N E N
F G A U E K A E T O M F R D
I T G A R L G I R I B O H R
Y N D E S E A E N R H R E E
P L E G N T S R R B E W H T
S O V D G T P O I A O O M T
T K L W I D L H U P R W A I
H I T T M A N E M S S I E L
W V L E G A M H E A L I N G
```

FOREST	HORSE	POWER	SPIRAL
GENTLE	LEGEND	PURE	TAIL
GLITTER	MAGIC	RAINBOW	WHITE
HEALING	MAIDEN	RARE	WILD
HORN	MANE	SPARKLE	

 Time ....

Puzzle 150: Musicals

```
H S E L B A R E S I M S E L
C S J E Y A R P S R I A H I
L I R S O L I V E R S M M O
A Q E U N E V A H E S O A N
D J V O P Q R A C D S H M K
L E L R           A A M I
I R K A           I L A N
T S E C           G K M G
A E S N I K B G L I O O I W
M Y S O T W M A M J N T A Y
I B Y T E R A B A C P N H H
T O P H A T I V E S N K A N
O Y D W I C A B M I S C S U
R S F S A H C Q E U V M O K
```

ANNIE	HAIRSPRAY	OKLAHOMA
AVENUE Q	JERSEY BOYS	OLIVER
CABARET	LES MISÉRABLES	ONCE
CAROUSEL	LION KING	RENT
CATS	MAMMA MIA	TOP HAT
CHESS	MATILDA	WICKED
EVITA	MISS SAIGON	

Time ....

ACE PUZZLERS

Puzzle 151: Christmas in Finland

```
C A S S E R O L E D E W S C
H C R U H C H L K U M E K H
R I C E P O R R I D G E D R
I P L U Y G O K P A L V T R
S S A U R P S A L
T A O G E L U Y U
M L S I T A F J G
A T N R E T N A L
S F N O M L A S A
L I I R E W S T P O R H C P
A S G H C R O P L U M J A M
N H L I J A N U A S L E S D
D A E R B R E G N I G B N L
S L E I G H R I D E T A K S
```

CASSEROLE
CEMETERY
CHRISTMAS LAND
CHURCH
GINGERBREAD
LANTERN

LAPLAND
PLUM JAM
PORK
RICE PORRIDGE
SALMON
SALT FISH

SAUNA
SKATE
SKI
SLEIGH RIDE
SWEDE
YULE GOAT

 Time ....

Puzzle 152: Ghosts

```
F L Y I N G D U T C H M A N
W H D M S O U L O T C E P A
Y R A M Y D O O L B T L P M
D E L U Q O M A S R I L A O
A K E F N S U N T E W I R T
L I T M U T E Q P P L V I P
Y H I O W H I A N S L R T L
E H H T R O O D N A E E I A
R C W N A       C B T O S
G T R A I       A E N N P
E I A H T       N P A T I
I H H P H       A N C H R
C H R I S T M A S P A S T I
G A H P O L T E R G E I S T
```

APPARITION	CHRISTMAS PAST	POLTERGEIST
BANQUO	FLYING DUTCHMAN	SEANCE
BELL WITCH	GREY LADY	SOUL
BLOODY MARY	HAUNT	SPIRIT
CANTERVILLE	HITCHHIKER	WHITE LADY
CASPER	PHANTOM	WRAITH

Time ....

ACE PUZZLERS

Puzzle 153: Famous Leaders

```
K E N N E D Y E L T S I N O
O C R O O S E V E L T I H P
M E R K E L C A S L C H U M
J C D A W A M A B O L D K Z
O A Y W M U S S O L I N I E
L S P A Z S R E H C T A H T
S T Z T R S I Y J K O G O L
U R M E T L T B G Z E D C L
N O T G N I H S A W R O H E
      N P A D A M S I W
      N A L E D N A M M
      J O K H A N S I O
      C L I N C O L N R
      L L I H C R U H C
```

ADAMS   GANDHI   MANDELA   ROOSEVELT
BISMARCK   HO CHI MINH   MERKEL   THATCHER
CASTRO   KENNEDY   MUSSOLINI   WASHINGTON
CHURCHILL   KHAN   OBAMA   YELTSIN
CROMWELL   LINCOLN   PITT   ZUMA

 Time ....

Puzzle 154: Fairground

```
A T E A C U P S P
S A K C A C E E L
R R C A N O G E A
O E L R D C N B H
R H E O Y O C T O
R T E U F N R H O A T T H R
I T H S L U L O N Z T E R O
M A W E O T N O G L P S W D
F L G L S S I K R A T K A E
O P I H S E T A R I P E L O
L S B O A D O D G E M S T B
L L F U N H O U S E W H Z U
A L P O O H A C T U N N E L
H E L T E R S K E L T E R L
```

BIG WHEEL
BOATS
CANDY FLOSS
CAROUSEL
COCONUTS
DODGEMS

FUN HOUSE
HALL OF MIRRORS
HELTER SKELTER
HOOK A DUCK
HOOPLA
PIRATE SHIP

RODEO BULL
SPLAT THE RAT
TEACUPS
TUNNEL
WALTZER

Time ....

ACE PUZZLERS

Puzzle 155: Transport

```
H E L I C O P T E R D F H Y
O J E S A H B I K G K M R I
T S C A O O H B I C Y C L E
A B O N A V T A B A R G E S
I L A T F A R C R E V O H L
R I C K S H A W O T R I E L
B A H D M N I K T O P D L A
A U C J O K N C O A K D U P
L F S E T C I B M D L S F C
L P L S J U L A W
O L V D P R R C E
O A N J E T S K I
N N G R S L H O L
J E V B D I S A T
```

BARGE	HELICOPTER	SHIP
BICYCLE	HOT AIR BALLOON	SLED
BOAT	HOVERCRAFT	TRAIN
BUS	JETSKI	TRAM
CANOE	MOTORBIKE	TRUCK
CAR	PLANE	VAN
COACH	RICKSHAW	

 Time ....

Puzzle 156: Ice-Cream Flavours

```
M N H T       S A L U E
U I O U       S T R G T
G S N T       O B D R A
E I E T       L U A A L
L A Y I       F T O S O
B R C F R Y V N E Y T R P C
B M O R P R A L I D E Y B O
U U M U I R N T K N R K E H
B R B T M E I R O A S C R C
S T U T E H L F O C C O R O
A T E I V C L L C H O R Y O
A L E M A R A C D E T L A S
O H C A N P I S T A C H I O
S T R A W B E R R Y H O N T
```

BUBBLEGUM	FUDGE	RUM RAISIN
BUTTERSCOTCH	HONEYCOMB	SALTED CARAMEL
CANDYFLOSS	MINT	STRAWBERRY
CHERRY	PISTACHIO	TUTTI FRUTTI
CHOCOLATE	RASPBERRY	VANILLA
COOKIE	ROCKY ROAD	

Time ....

ACE PUZZLERS

Puzzle 157: Celebrations

```
H A N U K K A H D O C A R L
B O N F I R E N I G H T H D
V A L E N T I N E S R Y N D
C H R I S T M A S B E A E A
        H Y G N I D D E W
        B O J W E N S B O
        N E W Y E A R I L
        K K A B O L E R A
        D E W G J F H T V
G N I V I G S K N A H T H I
N E E W O L L A H T M O D N
Y R A S R E V I N N A M A R
S L B A B Y S H O W E R Y A
I N D E P E N D E N C E N C
```

ANNIVERSARY	DIWALI	MOTHER'S DAY
BABY SHOWER	EID	NEW JOB
BIRTHDAY	HALLOWEEN	NEW YEAR
BONFIRE NIGHT	HANUKKAH	THANKSGIVING
CARNIVAL	HOLI	VALENTINE'S
CHRISTMAS	INDEPENDENCE	WEDDING

 Time ....

Puzzle 158: Christianity at Christmas

```
        T W S I L D
        B R R E N A
        S A I P N R
        T O B H A G
L T R S N M A Y T I R A H C
E L D N A C H D I O P S N A
H Y U N E P W L V J D R G R
S T G A G Y R L I E G T B O
J E R W A R E A T S N I V L
L E P I P H A N Y G B T A S
        B Y T C M L
        A M H A E Y
        B N S N L M
        C S U S E J
```

ADVENT	CAROLS	MASS
ANGEL	CHARITY	NATIVITY
BABY	EPIPHANY	PAGEANT
BIBLE	GRACE	PRAY
BIRTH	HYMNS	STAR
CANDLE	JESUS	WREATH

Time ....

ACE PUZZLERS

Puzzle 159: Happy New Year

```
P A R A D E G H T
C A N N O N Y G S
O U R E C S H L I
U L J T H L S O N
N D S F I L D I G
T L N G M E I B K M I D L S
D A N C E B S A P P A R C K
O N R E S O L U T I O N S R
W G O H J W C L S F B I Y O
N S R E P P O P Y T R A P W
D Y T R A P U N C B E K L E
A N M I D N I G H T S O M R
N E B G I B T K I Y R C H I
S J G N I T O O F T S R I F
```

AULD LANG SYNE
BELLS
BIG BEN
CANNON
CHIMES
COUNTDOWN

DANCE
DJ
FIREWORKS
FIRST FOOTING
HOGMANY
KISS

MIDNIGHT
PARADE
PARTIES
PARTY POPPERS
RESOLUTION
SING

 Time ....

Puzzle 160: New Year Resolutions

```
Y M W R E X E R C I S E Y G
E A T H E A L T H I E R G E
N K A J X I P O B G D O J G
O E D M O N B G K W J M F A
M F H Y L B Y D I N P O S U
E R S C Y M A K U V R D L G
V I Y I B A T W H T E A E N
A E B L D L H A Z S C U E A
S N B S K A L T A K E U P L
E D T H K N E H N
M S A V R I X R F
T L S E A O L N B
C M Y U H J S L P
C U T D O W N V N
```

CUT DOWN	HOBBY	READ
DO MORE	JOB	SAVE MONEY
EAT HEALTHIER	JOG	SKILL
EXERCISE	LANGUAGE	SLEEP
GIVE UP	LEARN	TAKE UP
GYM	MAKE FRIENDS	

Time ....

All The Answers

Beginners

1

```
  A S O
 FA I RY
R BREN I T
OGARLANDH
CTHTBMLAG
SDT I UE IM I
VFANANGEL
UDESBTHNR
 OREASTK
  WLE I S
```

4

```
H N E W Y E A R
B O E M E R R Y
P E L C O M H W
E Y S I A G A I
S Y C T D E P S
L O V E H A P H
K J O V T U Y E
R P N O S A E S
```

8

```
G L O D R I M T
S F T B T U C H
C P A S K A T E
A G O E N I H R
R R C V L O S M
F B O O T S W A
H A I L N O D L
W B E G D E L S
```

2

```
M A G R E L B V
W O R K S H O P
I D E W L A O C
R B E G L P T L
H O N R E H S T
H A T S B A N O
C I G A M F R Y
Y B R E L V E S
```

5

```
D A F F O D I L
S U C O R O C T S
P F U S C H I A
A C O K H R M P
N P A S E R I
S N A L D C O L
Y L I L I R S U
U N V I O L E T
```

9

```
K H I P A B U S
R O C I S E L H
A L E C W A P O
P I C N I C A R
L E R S M H O T
O H E N C N U S
K Y A D I L O H
R F M T A N C B
```

3

```
OY SUELDDIR TJ
KPBANG TUZEAOS
EZIRPAUBDONYN
GJ SURPRISE LA
```

6

```
B A T N I S O K
S H E T L A N D
J A N R A C S N
E W E I B Z A
R A R E J A H L
S I I D M A E
E I F K O A W C
Y L E R E J S I
```

10

```
N E W D E L H I
I E M O R O N S
L O S C Y N E I
R A E K F D W R
E F O L S O Y A
B T U L Y N O P
N P L C A I R O
S Y D N E Y K A
```

7

```
D B R A N C H E
E F E L S G N C
C K A T M I E U
O E N K P F E R
R G I R E K D P
A T P W I A L S
T S E R O F E L
E D G I F T S N
```

11

```
P A N E E R E R
A E P A R U D A
R I C O T T A D
M R H G S E M D
E B E T O L F E
S S I W S U N H
A C R E A M D C
N O T L I T S A
```

12

```
R Y G U C L K E
M P Y D A E I N
H P I M L V T D
C U B G S E T I
A P S L L R E K
L F A W N E N O
F O O I V T T H
F A W K C I H C
```

16

```
R O S T A B L E
K R E G N A M D
A I A S J B A Y
W N N T O Y R E
Q I G G S M Y K
C A E H E J U N
X T L I P S B O
S H E P H E R D
```

20

```
S A R B L G E K
N P L B R O W N
E U M G R E Y I
E R H N D Y E P
R P I K C A L B
G L D R U P L O
T E G N A R O H
R B E T I H W D
```

13

```
N A H U R S T L
A R C O D H P E
M A N D A R I N
R B E I D N U G
E I R T A M I L
G C F H I N D I
E I L I H A W S
L S P A N I S H
```

17

```
S B D A D U V T
S L U M B E R E
E A V K C I B Z
R N E O W E P O
T K T C Z M T O
T E R O N S A N
A T D R E A M S
M W O L L I P E
```

21

```
S X H C N U L B
T E A C H E R M
U N O S S E L S
D C P E A Y S I
E F L K M A M B
N R A E L A K O
T A Y C X D R O
H O M E W O R K
```

14

```
L P G I F T S H
W S R E B M U N
O H M D S V R O
D U F L A O P E
N M D S O E R A
I U Y D N G I W
W A L T U H S P
D E C E M B E R
```

18

```
O M N I G H T S
R A S L L E B D
D G H T U N J E
J I E K F P I L
F C L W S I N I
O L M K B Y G V
O D Y S E V L E
R E I N D E E R
```

22

```
T E L C Y C I B
V O U C H E R M
B I Y P E M A G
O D E H L U Z A
O U S C A F T D
K A N D E R C G
C L O T H E S E
E L Z Z U P N T
```

15

```
G U A V A O S M
A R H L P G S E
P B A V P N E L
R A E P L A C O
I T F L E M O N
C I W K S R L
O R A N G E W P
T G A N A N A B
```

19

```
L U V W O Y D R
P K O H S E B G
Y C H I C K E N
E U D E S R O H
S D O W H U G M
O N G P E T A C
O H K I E S W T
G O A T P R L S
```

23

```
F O L K L O R E
S B C I U L K Y
C U E S P R I G
L N W S O G N D
S C H T N A L P
R H I W H V A F
B K T S U W L P
O S E I R R E B
```

Intermediates

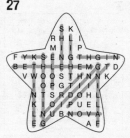

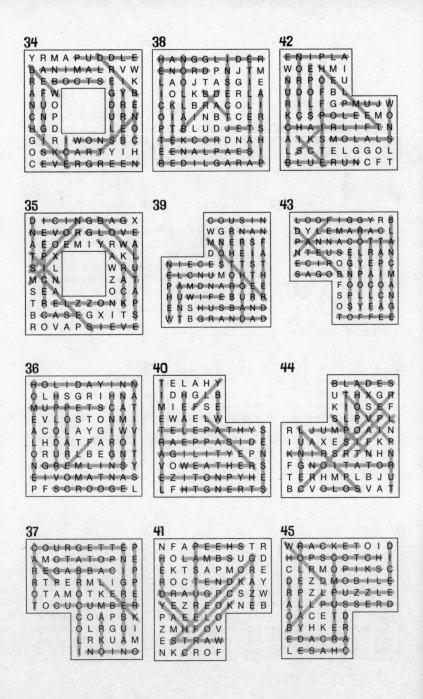

34

```
Y R M A P U D D L E
B A N I M A L R V W
R E B O O T S E I K
A F W       G Y B
N U O       D R E
C N P       U R N
H G D       L E O
G I R I W O N S B C
O S K C A R T Y I H
C E V E R G R E E N
```

38

```
H A N G G L I D E R
E N O R D P N J T M
L A O J T A S G I E
I O L K B D E R L A
C K L B R A C O L I
O I A I N B T C E R
P T B L U D J E T S
T E K C O R D N A H
E E N A L P A E S I
R E D I L G A R A P
```

42

```
E N I P L A
W O E H M I
N R P O E U
U D O F B L
R I L F G P M U J W
K C S P O L E E M O
C H A I R L I F T N
A K S M O L A L S
L S C T E L G G O L
B L U E R U N C F T
```

35

```
D I C I N G B A G X
N E V O R G L O V E
A E O E M I Y R W A
T P X       A K L
S I L       W R U
M C N       Z A T
S E A       O C A
T R E L Z Z O N K P
B C A S E G X I T S
R O V A P S I E V E
```

39

```
    C O U S I N
    W G R N A N
    M N E R S F
    D O H E I A
N I E C E S T T S T
E L C N U M O H T H
P A M D N A R G E E
H U W I F E B U R R
E N S H U S B A N D
W T B G R A N D A D
```

43

```
L O O F I G G Y R B
D Y L E M A R A C L
P A N N A C O T T A
N T E U S E L R A N
E C I R O G Y E P C
S A G O B N P A I M
        F O O C O A
        S P L L C N
        O S Y E A G
        T O F F E E
```

36

```
H O L I D A Y I N N
O L H S G R I H N A
M U P P E T S C A T
A C O L A Y G I W I
L H D A T F A R O I
O R U R L B E G N T
N G R E M L I N S Y
E I V O M A T N A S
P F S C R O O G E L
```

40

```
T E L A H Y
I D H G L B
M I E F S E
E W A E L W
T E L E P A T H Y S
R A E P P A S I D E
A G I L I T Y E P N
V O W E A T H E R S
E Z I T O N P Y H E
L F H T G N E R T S
```

44

```
        B L A D E S
        U T H X G R
        K I O S E F
        S L P V P K
R L J U M P O A I N
I U A X E S I F K P
K N I R S R T N H N
F G N O I T A T O R
T E R H M P L B J U
B C V O L O S V A T
```

37

```
C O U R G E T T E P
A M O T A T O P N E
R E G A B B A C I P
R T P E R M L I G P
O T A M O T K E R E
T O C U C U M B E R
    C O A P B K
    O L R G U I
    L R K U A M
    I N O I N O
```

41

```
N F A P E E H S T R
H O L A M B S U G D
E K T S A P M O R E
R O C T E N D K A Y
D R A U G P C S Z W
Y E Z R E O K N E B
P A E E L O
Z M H F O V
E S T R A W
N K C R O F
```

45

```
W R A C K E T O I D
H O P S C O T C H I
C L R M O P I K S C
D E Z D M O B I L E
R P Z L P U Z Z L E
A L L P U S S E R D
O A C E T D
B Y H K E R
E D A C R A
L E S A H C
```

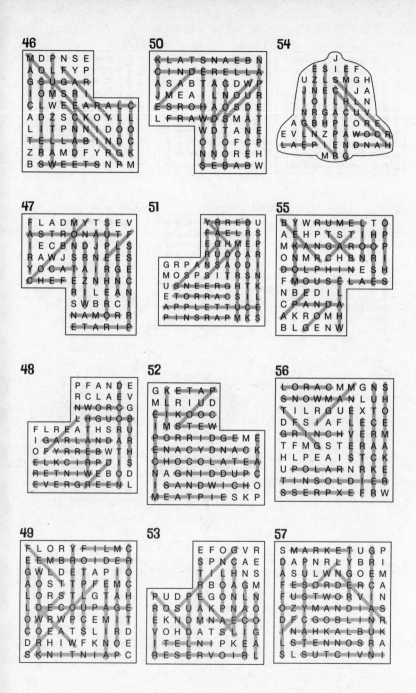

46

```
M D P N S E
A O L F Y P
G S U G A R
I O M S R I
C L W E E A R A C
A D Z S C K O Y L L
L I T P N N N D O O
T E L L A B I N D C
Z R A M D F Y R G K
B S W E E T S N P M
```

50

```
K L A T S N A E B N
C I N D E R E L L A
A S A B T A G D W P
J M E A L N O U R
E S R O H A O S D E
L F R A W D S M A T
    W D T A N E
    O I O F C P
    N N O R E H
    S E B A B W
```

54

```
        J
      E S I E F
    U Z L S M G H
   J N E C I J A N
    N R G A C U V
    I O I L H L N
  A G B H P L O R E
 E V L N Z P A W O G R
 L A E P I E N D N A H
       M B G
```

47

```
F L A D M Y T S E V
A S T R O N A U T F
I E C B N D J P L S
R A W J S R N E E S
Y O C A T A I R G E
C H E F E Z N H N C
        R I L E A N
        S W B R C I
        N A M O R R
        E T A R I P
```

51

```
        Y R R E B U
        F A E L R S
        E G H M E P
        R U O O A R
G R P A N S A O D I
M O S P S I T R S N
U S N E E R G H T K
E T O R R A C S I L
A P P L E T T U C E
P I N S R A P M K S
```

55

```
B Y W R U M E L T O
A E H P T S T I H P
M K A N G A R O O P
O N M R C H B N R I
D O L P H I N E S H
F M O U S E L A E S
N B E D I L C P A N D A
A K R O M H
B L G E N W
```

48

```
        P F A N D E R
        R C L A E V
      N W O R C G
      L H G U O B
F L R E A T H S R U
I G A R L A N D A R
O F Y R R E B W T H
E L K C I R P D I S
R E T N I W E B O D
E V E R G R E E N L
```

52

```
G K E T A P
M L R I U D
E I K O O C
I M S T E W
P O R R I D G E M E
E N A C Y D N A C K
C H O C O L A T E A
N A G N I D D U P C
I S A N D W I C H O
M E A T P I E S K P
```

56

```
L O R A C M M G N S
S N O W M A N L U H
T I L R G U E X T O
D F S I A F L E C E
G R I N C H V E R M
T F M G S T E R A A
H L P E A I S T C K
U P O L A R N R K E
T I N S O L D I E R
S S E R P X E F R W
```

49

```
F L O R Y F I L M C
E E M B R O I D E R
G W L D E T A P I O
A O S T T P F E M C
L O R S T L G T A H
L D E C O U P A G E
O W R W P C E M I T
C O E A T S L I R D
D R H I W F K N O E
S K N I T N I A P C
```

53

```
        E F O G V R
        S P N C A E
        T I L H N S
        R B O A G M
P U D P E G O N L N
R O S U A K P N A O
E K N D M N A E C O
V O H D A T S L I G
I T E L N I P K E A
R E S E R V O I R L
```

57

```
S M A R K E T U G P
D A P N R L Y B R I
A S U L W N G O E M
F E S O R D E R C A
F U S T W O R V I N
O Z Y M A N D I A S
D F C G O B L I N R
I N A H K A L B U K
L S T E N N O S R A
S L S U T C I V N I
```

58

```
A N I M A T I O N R
C A C O M E D Y S I
T L A C I S U M O T
I P E M L W I N S H
O H D O A I N L C R
N O I R M S D R I I
        A U H F L
        S M E T I L
        E W A D N E
        H O R R O R
```

62

```
S A U S A G E N O P
R A S L E S U O R A C
L U B S R E T T E L
O P E N E L O T S
H M L B G O O S E C
C A L E N D A R K L
I R P L I G
N K E R S O
T E K R A M
S L O R A C
```

65

```
U F A E T I H W W O N S
P A L E S N A H J A C K
R L A L L E R E D N I C
I E D L G R Y K C Q U O
N T D S N A H R U B P L
C E I Q P M E I E A I
E R N B U E B E A R D
I G A C K N R E Z U F L
        C Z M A W T E O
        U E A S H Y M G
        D L I T N A I G
        A U D W I T C H
```

59

```
P R I D E R
R T A V P T
H A T E I U
S S E R T S
S H M F Y T B I D M
E G A R U O C S N L
N F H S E L J Y O A
D I S G U S T V R C
A N G E R V E N M P
S U R P R I S E T D
```

63

```
E N V E L O P E W U
F O L D P M A T S G
P B N R E K C I T S
M B O W R P S T I R
P I O R E P A P S O
A R C X T G O T S S
        T X A E U S
        I E U B E
        L L E V R C
        G N I R T S
```

66

```
O P E N S L E I G H T A
S N I G G B W E N R J S
P U E B N N R D I F I T
G L S H T I H N L I
N J L A O B H R G F N R
I V I W N R P S U H O I
O U A N I J S N A Y T P
P Y T C G F I E L D S S
E W B N H L A U
D A O P T O E M
K S B N L I R B
B E L L S O N C
```

60

```
        I E C H D P
        R N O B Y S
        Y L E F S M
        L E N I P A
G C S Y C A M O R E
Y E W H R O L J U B
K D A I C A C A C N
V A F J U N I P E R
S R O H V F E I M O
B F N R O H T W A H
```

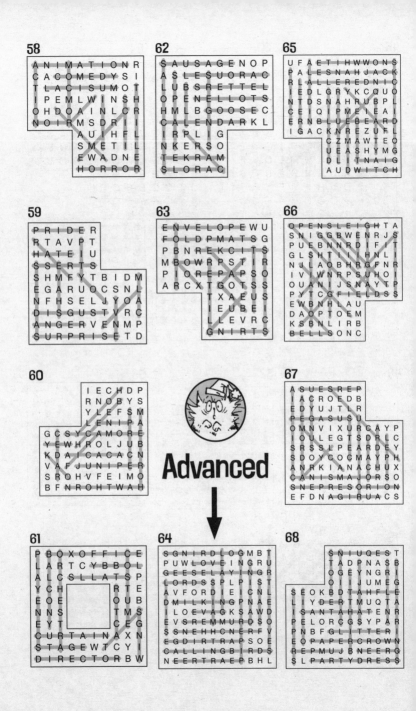

Advanced

67

```
A S U E S R E P
I A C R O E D B
E D Y U J T L R
P E G A S U S U
O M N V I X U R C A Y P
I O U L E G T S D R L C
S R S S L P E A R D E Y
S D O Y C O C M A Y P H
A N R K I A N A C H U X
C A N I S M A J O R S O
S N E P R E S O R I O N
E F D N A G I R U A C S
```

61

```
P B O X O F F I C E C
L A R T C Y B B O L
A L C S L L A T S P
Y C H       R T E
E O E       O U B
N N S       T M S
E Y T       C E G
C U R T A I N A X N
S T A G E W T C Y I
D I R E C T O R B W
```

64

```
S G N I R D L O G M B T
P U W L O V E I N G R U
G E E S E S E L A Y I N G R
L O R D S S P L P I S T
A V F O R D I E I C N L
D M I L K I N G P N A E
I L O E V A G K S A W D
E V S R E M M U R D S O
S S N E H H C N E R F V
E G D I R T R A P S O E
C A L L I N G B I R D S
N E E R T R A E P B H L
```

68

```
S N I U Q E S T
T A D P N A S B
O G E Y N G R I
O I J U M E G
S E O K B D T A H F L E
L I Y D E R T M U Q T A
I S A N T A H A T E N R
P E L O R C G S Y P A R
P N B F G L I T T E R
E O P A P E R C R O W N
R E P M U J B N E E R G
S L P A R T Y D R E S S
```

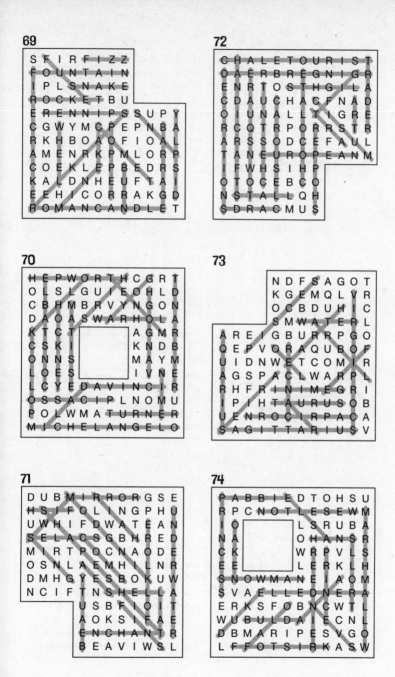

69

```
S F I R F I Z Z
F O U N T A I N
I P L S N A K E
R O C K E T B U
E R E N N I P S S U P Y
C G W Y M C P E P N B A
R K H B O A O F I O A L
A M E N R K P M L O R P
C O E K L E P B E D R S
K A L D N H E U F T A I
E E H I C O R R A K G D
R O M A N C A N D L E T
```

72

```
C H A L E T O U R I S T
D A E R B R E G N I G R
E N R T O S T H G I L A
C D A U C H A C F N A D
O I U N A L L T I G R E
R C Q T R P O R R S T R
A R S S O D C E F A U L
T A N E U R O P E A N M
I F W H S I H P
O T O C E B C O
N S T A L L Q H
S D R A C M U S
```

70

```
H E P W O R T H C G R T
O L S L G U I E O H L D
C B H M B R V Y N G O N
D A O A S W A R H O L A
K T C T       A G M R
C S K I       K N D B
O N N S       M A Y M
L O E S       I V N E
L C Y E D A V I N C I R
O S S A C I P L N O M U
P O L W M A T U R N E R
M I C H E L A N G E L O
```

73

```
N D F S A G O T
K G E M Q L V R
O C B D U H I C
S M W A T E R L
A R E I G B U R R P G O
Q E P V O R A Q U B O F
U I D N W E T C O M I R
A G S P A C L W A R P L
R H F R I N I M E G R I
I P I H T A U R U S O B
U E N R O C I R P A C A
S A G I T T A R I U S V
```

71

```
D U B M I R R O R G S E
H S I F O L I N G P H U
U W H I F D W A T E A N
S E L A C S G B H R E D
M I R T P O C N A O D E
O S N L A E M H I L N R
D M H G Y E S B O K U W
N C I F T N S H E L L A
U S B F I O I T
A O K S I F A E
E N C H A N T R
B E A V I W S L
```

74

```
P A B B I E D T O H S U
R P C N O T L E S E W M
I O     L S R U B A
N A     O H A N S R
C K     W R P V L S
E E     L E R K L H
S N O W M A N E I A O M
S V A E L L E D N E R A
E R K S F O B N C W T L
W U B U L D A I E C N L
D B M A R I P E S V G O
L F F O T S I R K A S W
```

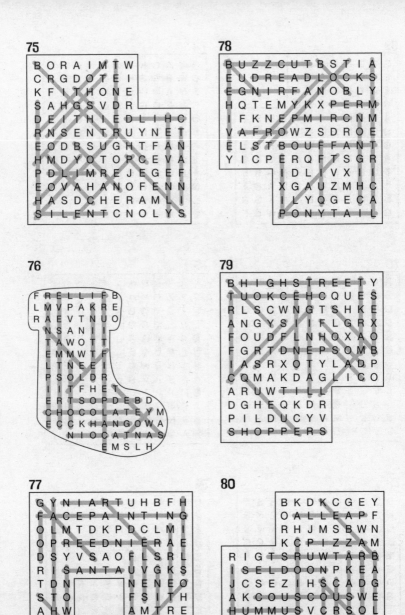

75

```
B O R A I M T W
C R G D O T E I
K F I T H O N E
S A H G S V D R
D E I T H I E D L I H C
R N S E N T R U Y N E T
E O D B S U G H T F A N
H M D Y O T O P C E V A
P D L I M R E J E G E F
E O V A H A N O F E N N
H A S D C H E R A M L I
S I L E N T C N O L Y S
```

78

```
B U Z Z C U T B S T I A
E U D R E A D L O C K S
E G N I R F A N O B L Y
H Q T E M Y K X P E R M
I F K N E P M I R C N M
V A F R O W Z S D R O E
E L S T B O U F F A N T
Y I C P E R Q F T S G R
        I D L I V X I I
        X G A U Z M H C
        I L Y Q G E C A
        P O N Y T A I L
```

76

```
F R E L L I F B
L M V P A K R E
R A E V T N U O
N S A N I I
T A W O T T
E M M W T F
L T N E E I
P S O L D R
I I T F H E T
E R T S O P D E B D
C H O C O L A T E Y M
E C C K H A N G O W A
N I O C A T N A S
E M S L H
```

79

```
B H I G H S T R E E T Y
T U O K C E H C Q U E S
R L S C W N G T S H K E
A N G Y S I I F L G R X
F O U D F L N H O X A O
F G R T D N E P S O M B
I A S R X O T Y L A D P
C Q M A K D A G L I C O
A R U W T I L L
D G H E Q K D R
P I L D U C Y V
S H O P P E R S
```

77

```
G Y N I A R T U H B F H
F A C E P A I N T I N G
O L M T D K P D C L M I
O P R E E D N I E R A E
D S Y V S A O F L S R L
R I S A N T A U V G K S
T D N       N E N E O
S T O       F S I T H
A H W       A M T R E
N G O       I O A I G
D I S W B L V R G K F N
O L E E H W G I B S A M
```

80

```
B K D K C G E Y
O A L L E A P F
R H J M S B W N
K C P I Z Z A M
R I G T S R U W T A R B
I S E L D O O N P K E A
J C S E Z I H S C A D G
A K C O U S C O U S W E
H U M M U S V C R S O L
B E L F F A W A R U H Z
D O N A A N U T Y O C I
C N W N O T G N I M A L
```

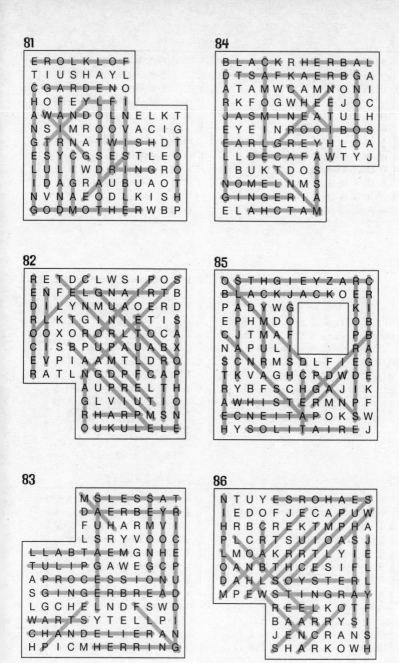

81

```
E R O L K L O F
T I U S H A Y L
C G A R D E N O
H O F E Y L F I
A W A N D O L N E L K T
N S I M R O O V A C I G
G T R N A T W I S H D T
E S Y C G S E S T L E O
L U L I W D R I N G R O
I D A G R A U B U A O T
N V N A E O D L K I S H
G O D M O T H E R W B P
```

82

```
R E T D C L W S I P O S
E N F E L G N A I R T B
D I L Y N M U A O E R D
R L K T G I N I E T I S
O O X O R O R L T O C A
C I S B P U P A U A B X
E V P I A A M T L D R O
R A T L N G D P F C A P
    A U P R E L T H
    G L V U T I O
    R H A R P M S N
    O U K U L E L E
```

83

```
        M S L E S S A T
        D A E R B E Y R
        F U H A R M V I
        L S R Y V O O C
L L A B T A E M G N H E
T U L I P G A W E G C P
A P R O C E S S I O N U
S G I N G E R B R E A D
L G C H E L N D F S W D
W A R T S Y T E L L P I
C H A N D E L I E R A N
H P I C M H E R R I N G
```

84

```
B L A C K R H E R B A L
D T S A F K A E R B G A
A T A M W C A M N O N I
R K F O G W H E E J O C
J A S M I N E A T U L H
E Y E I N R O O I B O S
E A R L G R E Y H L O A
L L D E C A F A W T Y J
I B U K T D O S
N O M E L N M S
G I N G E R I A
E L A H C T A M
```

85

```
O S T H G I E Y Z A R C
B L A C K J A C K O E R
P A D Y W G       K I
E P H M D O       O B
C J T M A F       P B
N A P U L I       R A
S C N R M S D L F I E G
T K V A G H C P D W D E
R Y B F S C H G A J I K
A W H I S T E R M N P F
E C N E I T A P O K S W
H Y S O L I T A I R E J
```

86

```
N T U Y E S R O H A E S
I E D O F J E C A P U W
H R B C R E K T M P H A
P L C R T S U I O A S J
L M O A K R R T L Y I E
O A N B T H C E S I F L
D A H L S O Y S T E R L
M P E W S T I N G R A Y
      R E E L K O T F
      B A A R R Y S I
      J E N C R A N S
      S H A R K O W H
```

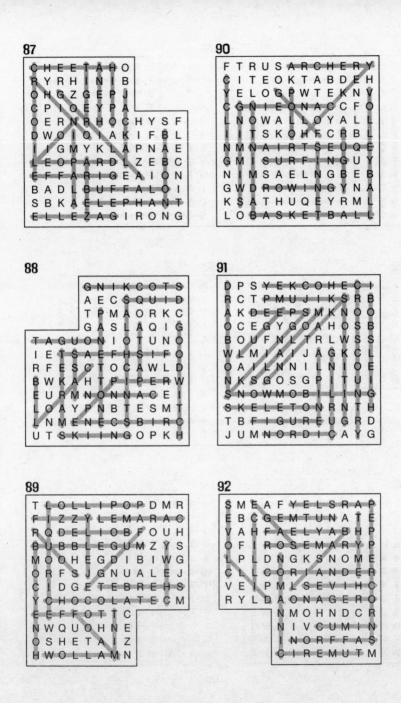

87

```
C H E E T A H O
R Y R H I N I B
O H G Z G E P J
C P I O E Y P A
O E R N R H O C H Y S F
D W O I Q I A K I F B L
I I G M Y K L A P N A E
L E O P A R D L Z E B C
E F F A R I G E A I O N
B A D L B U F F A L O I
S B K A E L E P H A N T
E L L E Z A G I R O N G
```

90

```
F T R U S A R C H E R Y
C I T E O K T A B D E H
Y E L O G P W T E K N V
C G N I E O N A C C F O
L N O W A L L O Y A L L
I I T S K O H F C R B L
N M N A I R T S E U Q E
G M I S U R F I N G U Y
N I M S A E L N G B E B
G W D R O W I N G Y N A
K S A T H U Q E Y R M L
L O B A S K E T B A L L
```

88

```
        G N I K C O T S
        A E C S Q U I D
        T P M A O R K C
        G A S L A Q I G
T A G U O N I O T U N O
I E T S A E F H S I F O
R F E S C T O C A W L D
B W K A H T P I P E R W
E U R M N O N N A C E I
L O A Y P N B T E S M T
L N M E N E C S B I R C
U T S K I I N G O P K H
```

91

```
D P S Y E K C O H E C I
R C T P M U J I K S R B
A K D E E P S M K N O O
O C E G Y G O A H O S B
B O U F N L T R L W S S
W L M I A I J A G K C L
O A I L N N I L N I O E
N K S G O S G P I T U I
S N O W M O B I L I N G
S K E L E T O N R N T H
T B F I G U R E U G R D
J U M N O R D I C A Y G
```

89

```
T L O L L I P O P D M R
F I Z Z Y L E M A R A C
R Q D E I O B F O U H
B U B B L E G U M Z Y S
M O O H E G D I B I W G
O R F S J G N U A L E J
C I D G E T E B R E H S
Y C H O C O L A T E C M
E E F F O T T C
N W Q U O H N E
O S H E T A I Z
H W O L L A M N
```

92

```
S M E A F Y E L S R A P
E B C G E M T U N A T E
V A H F A E L Y A B H P
O F I R O S E M A R Y P
L P L D N G K S N O M E
C L L C O R I A N D E R
V E I P M L S E V I H C
R Y L D A O N A G E R O
        N M O H N D C R
        N I V C U M I N
        I N O R F F A S
        C I R E M U T M
```

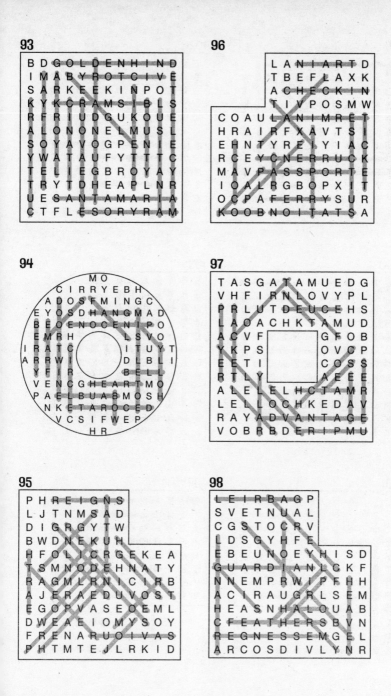

99

```
D O N A L D S O N G C S
R G A I M A N E E M S N
S R D S C M S B I O L A
E U H G A O W L K I E M
U P O D R K N Y L T W K
S R R U R E T T O P I C
S O W P O T O D T S S A
S M A I L L A W E L B L
        L H N O T Y L B
        L S E R V C L I
        A R O W L I N G
        S Y E N N I K L
```

102

```
E L R D W R E N C H P V
S Q U A R E N N A P S R
A M S         T O R C H
N E D         Q U L R A
D A H         G A N E M
E R I         M Y E W M
R S I L C A P O S L D E
V N T L O B L S C I R R
L E V E L O B Q R F I N
S R E I L P A U E W V M
C I P F C T Y H W N E L
N T A P E M E A S U R E
```

100

```
D F R B E T H L E H E M
L I T T L E M G S N T E
A R N H U G S D I S K R
R S E G N I C L A S C R
E T R I D F R N E W M I
H M K N W O T R D G A L
S A L S E C N E W O N Y
L N L I F Y C G H T W A
D I O L Y K O N
R D L E S R S A
K T I N L A G M
L B E T A H E R
```

103

```
E S I S B F B N
G K N E L F E T
D A U M I O R S
E R I A O E R T
L O T G H S Y A S A B C
S N E T T I M P C T O H
G A A C E N F P D F A U
R E B B U L B L F T K R
H T E E M R W E D G E C
E I K S L A E S P I W H
W H A L E S B C N U L R
H W C A R I B O U H O C
```

101

```
        S Y A D I L O H
        H D S O A F V I
        L E S Y E N O M
        E P E A C E A M
R T C L V M N T A G P O
Y A F E A C I W I C L R
S L N F R K P C F W O T
H E A L T H P O W E R A
O N L S E G A U G N A L
L T D V M I H N B O V I
M R O W I S D O M A L T
S L M G T V B E A U T Y
```

104

```
D A C H S H U N D N X T
A P Y G L A B R A D O R
L H U X G O D L L U B O
R P O O D L E K M H I T
C H I H U A H U A C G T
T E R E V E I R T E R W
Y K S U H C U B I D O E
S H E E P D O G A F C I
        I V M L N X B L
        B E A G L E E E
        W T E R R I E R
        E S P A N I E L
```

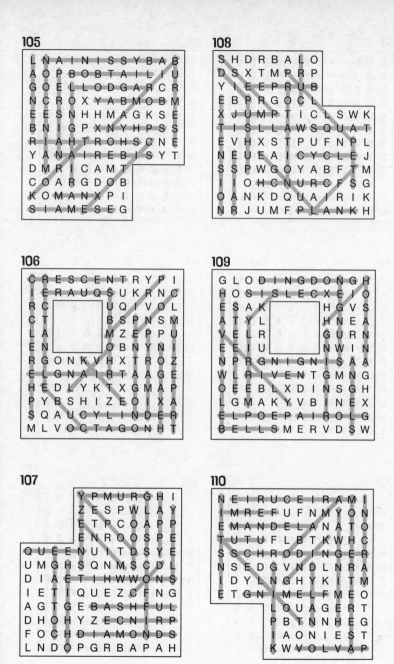

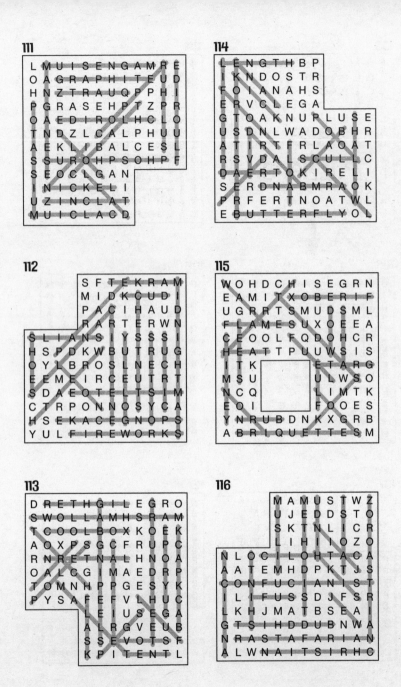

111

```
L M U I S E N G A M R E
O A G R A P H I T E U D
H N Z T R A U Q P P H I
P G R A S E H P T Z P R
O A E D I R O L H C L O
T N D Z L C A L P H U U
A E K L I B A L C E S L
S S U R O H P S O H P F
S E O C L G A N
I N I C K E L I
U Z I N C L A T
M U I C L A C D
```

112

```
        S F T E K R A M
        M I D K C U D I
        P A C I H A U D
        R A R T E R W N
S L I A N S I Y S S S I
H S P D K W B U T R U G
O Y L B R O S L N E C H
E E M E I R C E U T R T
S D A E O T E L T S I M
C T R P O N N O S Y C A
H S E K A C E G N O P S
Y U L F I R E W O R K S
```

113

```
D R E T H G I L E G R O
S W O L L A M H S R A M
T C O O L B O X K O E K
A O X P S G C F R U P C
R N R E T N A L H N O A
O A L C G I M A E D R P
T O M N H P P G E S Y K
P Y S A F E F V L H U C
      L E I U S E G A
      A L R G V E U B
      S S E V O T S F
      K P I T E N T L
```

114

```
L E N G T H B P
I K N D O S T R
F O I A N A H S
E R V C L E G A
G T O A K N U P L U S E
U S D N L W A D O B H R
A T I R T F R L A O A T
R S V D A L S C U L L C
D A E R T O K I R E L I
S E R D N A B M R A O K
P R F E R T N O A T W L
E B U T T E R F L Y O L
```

115

```
W O H D C H I S E G R N
E A M I T X O B E R I F
U G R R T S M U D S M L
F L A M E S U X O E E A
C E O O L F Q D O H C R
H E A T T P U U W S I S
I T K         E T A R G
M S U         U L W S O
N C Q         L I M T K
E O I         F O O E S
Y N R U B D N K X G R B
A B R I Q U E T T E S M
```

116

```
        M A M U S T W Z
        U J E D D S T O
        S K T N L I C R
        L I H I I O Z O
N L O C I L O H T A C A
A A T E M H D P K T J S
C O N F U C I A N I S T
I L I F U S S D J F S R
L K H J M A T B S E A I
G T S I H D D U B N W A
N R A S T A F A R I A N
A L W N A I T S I R H C
```

Ace Puzzlers

119

```
C H A N D N I C H O W K K R
H A R L E Y P L D R O F X O
A P A             I R D
M P G             F D E
P I R T S S A G E V A T R O
S H A M B L E S L O L H A D
E C D D A O R Y E B B A B R
L R O X F V E G Y R M V M I
Y A W N A I P P A O A E O V
S O N B B M F I F A R N L E
E L I M L A Y O R D A U I G
E L N G L D X N K W L E M S
S A G H I N O T F A R G L Y
G W H C A R N A B Y A W U T
```

117

```
H Y A D I R F K C A L B L S
I C E S C U L P T U R E R C
R U O F E S N R E T N A L I
F M B O S E L A M A T G A P
T U A R K R E U A S D O N Y
O L F E A I C K L
D B F M T F E A N
N H M M I N D S P
R K A U N O A H I
O A N M G B R I C
C T N A E G A P K I E V M G
P T A F F Y P U L L A N E C
O U Y D N A C Y E L R A B O
P R T U R N I P S K A T H R
```

120

```
G N P O W E R L I F T I N G
E B A D S Q S I N N E T P O
D T Y N C U S Y R E H C R A
C R B O I E M J B F L O O L
O I A W T S M A O G Q D W B
B A S K E T B A L L U Y I A
A T W E L R N K I J C R N L
D H I A H I F E N C I N G L
M A M T T A S H O O T I N G
I L M C A N O E B O C C I A
N O I Y E       J U Q L T
T N N O W       P Y R C H
O L G O T       L P B Y A
N A C C U       D S N C I
```

118

```
        D T W S N E D M K
        N A H G V L E T J
        J B K E L B W T U
        U L R A G O Y W N
        F E S U R B L E G
P O J D B S U G A R L O A F
B L S E T E V J E K U B W R
L D U N S I N A I I G L J A
A G P A C A C N G K B S U U
N A M L M A T T E R H O R N
C W Y I K G W N R V A R E R
T O L Y H I V E V J I T M O
W I O B R N O D W O N S E N
K R A K A T O A U A O L W C
```

121

```
W O R D T R A I L
O D T O B K L O P
R W I T R J G W G
D I F T D I F E J
S E D O C G S K C
E D R D I F F E R E N C E G
A R O O L W N U M Z C R C H
R U W T G E K C I A E O N E
C R Y P T O G R A M N S E D
H M L Q D Y I C H E S S U D
F R S U E R U T C I P W Q S
W A S G I J R V H L W O E P
D M A T O Q N U M B E R S Z
K C I T S H C T A M L D A C
```

122

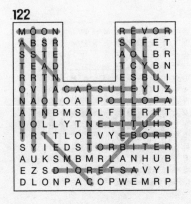

125

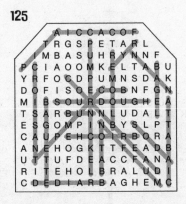

123

126

124

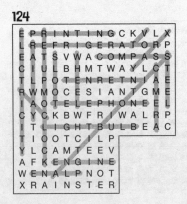

127

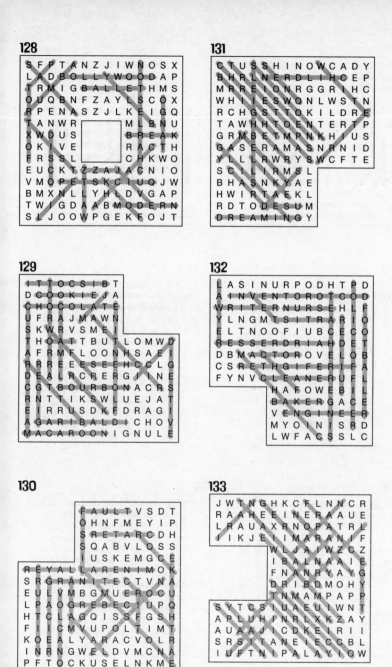

128

129

130

131

132

133

134

```
G U F K O R T S O U T D A L
U R E L K C U H C R E S N M
F A L L A B O U T L E T Y W
F S U S T E E C O S M I N P
A T M N F R J T W H G I G F
W I D I A G O H A R C N S G
C K A G L S E H C I T S N I
G I G G L E F K C E E T H G
R N S E G S N I C K E R A E
P S N R         H O W L
U O N O         A E P H K
S N O R T A     H E E U O C
E N S H L C R A C K U P W A
G B R O W L P U E S A E R C
```

135

```
L       T I         G
U       S I N G     U L
F R K     L K N A     E M Y
Y I N     I O     A E O R
O U Y E K R D J K R C R
J M E R W S N O I T A N
P A T O B D L U H E
H P H G L O S E W P
    P I M G R A
    T M E Y A E N S
    O S C L N N G K
    I R D I Y N E I
R E C O N C I L E D
M R J B E K S S S N
```

136

```
T C A N D L E S T I C K U L
R E S V E G S N H R P D F X
T B N A T O B U G E L I A Y
P A V S N D L F I P I W R A
S M Y M E I G F A M E P D
V E E O C F L O A T I N G H
O N S L S D W U E F F L O T
T W X M T R I T T V O P D R
I C O A A X E N L W P F F I
V K E L D       I S T B
E H L I B       L C U A
D I F U Y       B E K O
P P R M G       D I V W
O N B L S       E T Y A
```

137

```
O L D     R S I P     Q O P
R O B E R T T H E B R U C E
I U B A R T D N T K I C S T
C I S R L F R I G H C E K E
H S A T U T L D L O R A H R
A Q L H N A H A J H A H S T
R U S U Q U O L O D S A T H
D A E R E D N A X E L A O E
F T C N A H K S I H G N E G
I O N X R O B A W G H E X R
R R E C H A R L E M A G N E
S Z W S O L O M O N F N T A
T E A N U M A H K N A T U T
H E N R Y E I G T H E R O D
```

138

```
T A M     O D I D     A I C
A M A R I A T H E R E S A S
E L I Z A B E T H F I R S T
R E R J N E G R E Y Z E J O
G B O O N H N E L M A R A C
E E T S E S M R E N J Z N S
N Z C E B F A E N E V A E F
I E I P O O R V O F I B G O
R J V H L N Y E F E N O R Y
E G U I E E F N T R E U E R
H J A N Y E I I R T H D Y A
T Q U E N U R U O I D I D M
A N N I A Q S G Y T Z C A T
C L E O P A T R A I N A R B
```

139

```
K R A P T N E M E S U M A P
A E E R T C I T S A L P L A
R W         C H A P P E R P
A O         E R N L C P A E
O L         S H E G A R N R
K F         K A I R R T R C
E E A R K J A F T L D S E H
I C H A R I T Y W O R K T A
V S H O P P I N G W I A N I
O A L A V I N R A C C R A N
M P W J I N G L E B E L L S
P P E R F O R M A N C E A H
L A R G L V E U R T A B N O
L E B E T N A R U A T S E R
```

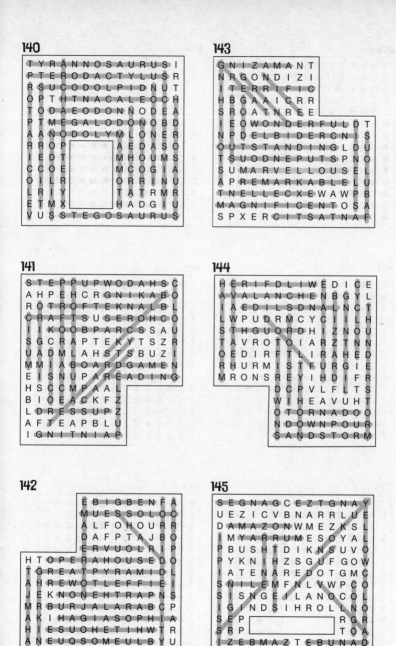

140

```
T Y R A N N O S A U R U S I
P T E R O D A C T Y L U S R
R S U C O D O L P I D N U T
O P T H T N A C A L E O C H
T O D A E O D O N N O D E A
P T M E G A L O D O N O B D
A A N O D O L Y M L O N E R
R R O P         A E D A S O
I E D T         M H O U M S
C C O E         M C O G I A
O I L R         O R R I N U
L R I Y         T A T R M R
E T M X         H A D G I U
V U S S T E G O S A U R U S
```

141

```
S T E P P U P W O D A H S C
A H P E H C R G N I K A B O
R O T R O F T E K N A I B L
C R A F T S U S E R O H C O
I I K O O B P A R C S S A U
S G C R A P T E K Y T S Z R
U A D M L A H S T S B U Z I
M M I A B O A R D G A M E N
E I S N U P A R E A D I N G
H S C C M P A A L
B I O E A C K F Z
L D R E S S U P Z
A F T E A P B L U
I G N I T N I A P
```

142

```
            E B I G B E N F A
            M U E S S O L O C
            A L F O H O U R R
            D A F P T A J B O
            E R V U O L R I P
H T O P E R A H O U S E D O
T G R E A T P Y R A M I D L
A H R E W O T L E F F I E I
J E K N O N E H T R A P N S
M R B U R J A L A R A B C P
A K I H A G I A S O P H I A
H I E S U O H E T I H W T R
A N E U Q S O M E U L B Y U
L E A N I N G T O W E R L B
```

143

```
G N I Z A M A N T
N R G O N D I Z I
I T E R R I F I C
H B G A A I C R R
S R O A T N R E E
I E O W O N D E R F U L D T
N P D E L B I D E R C N I S
O U T S T A N D I N G L D U
T S U O D N E P U T S P N O
S U M A R V E L L O U S E L
A P R E M A R K A B L E L U
T N E L L E C X E W A W P B
M A G N I F I C E N T O S A
S P X E R C I T S A T N A F
```

144

```
H E R I F D L I W E D I C E
A V A L A N C H E N B G Y L
I A E D I L S D N A L N C T
L W P U D R M C Y C I I L H
S T H G U O R D H I Z N O U
T A V R O T O I A R Z T N N
O E D I R F T L I R A H E D
R H U R M I S T F U R G I E
M R O N S R E Y I H D I F R
          D C P V L F L T S
          W I H E A V U H T
          O T O R N A D O O
          N D O W N P O U R
          S A N D S T O R M
```

145

```
S E G N A G C E Z T G N A Y
U E Z I C V B N A R R L U E
D A M A Z O N W M E Z K S L
I M Y A R R U M E S O Y A L
P B U S H T D I K N S U V O
P Y K N I H Z S G U F G O W
I A T E N A R E D O T G M C
S N I L E M F N L V W P C O
S I S N G E I L A N O C O L
I G N D S I H R O L L N O
S E P             R G R
S R P             T O A
I Z E B M A Z T E B U N A D
M E K O N G A O R I N O C O
```

146

```
T D R A S O L E E R E F E R
K L G O S U B S T I T U T E
I C M G O A P M A N E N W G
C O   F R E Y A L P B O O A
I R D K C A T T A S A A F N
R E F I         L S F A
L E I T         B U S M
I P E A         D B I A
N A L I C D E C N E F E D T
E P D T T A S S K I H G E C
S K I P P E R O K T C R O H
M I D T A F O D E F O F F C
A T T U C B A E D C A R U I
N C E T C H L F S U B O O D
```

149

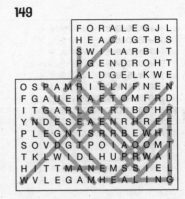

```
            F O R A L E G J L
            H E A C I G T B S
            S W I L A R B I T
            P G E N D R O H T
            A L D G E L K W E
O S P A M R I E L N F N E N
F G A U E K A E T O M F R D
I T G A R L G I R I B O H R
Y N D E S E A E N R H R E E
P L E G N T S R R B E W H T
S O V D G T P O I A O O M T
T K L W I D L H U P R W A I
H I T T M A N E M S S I E L
W V L E G A M H E A L I N G
```

147

```
C L O T H E S U N
C U S T O M E R S
B I T G A F O H H
C C I N R O H R O
Y U T   P N S W E
I S C N H Y V A M O N E Y S
F H H R R E H T A E L A D T
I C L O L F I N K V G D B I
N L M M E O O K E W V F I D
I S O D A C V S R E M M A H
S K R C V G T K E E L V H U
H O K G P V D H F W A T G L
E V E N I N G I A S H V N M
D E H C T A W Y I S O P B C
```

150

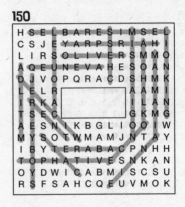

```
H S E L B A R E S I M S E L
C S J E Y A R P S R I A H I
L I R S O L I V E R S M M O
A Q E U N E V A H E S O A N
D J V O P Q R A C D S H M K
L E L R         A A M I
I R K A         I L A N
T S E C         G K M G
A E S N I K B G L I O O I W
M Y S O T W M A M J N T A Y
I B Y T E R A B A C P N H H
T O P H A T I V E S N K A N
O Y D W I C A B M   S C S U
R S F S A H C Q E U V M O K
```

148

```
T R E S H E R M A N A S O Y
N E S S O F L E J K L I T N
A S W H R F B E B L E G N A
G S A C S R D N L I G A I D
U O K A E E L I N E U L B W
L F J B S I Y A I V T P S K
Y L D N H T U G U L W C R V
O L E E O H J R N A O S Y I
S U T H E R L A N D L U V C
E G I C H U     I L C K T
M T A I G M     R A A J O
I S N E D I     B W U E R
T E V R O R     L S G R I
E N W O R B     U I I B A
```

151

```
C A S S E R O L E D E W S C
H C R U H C H L K U M E K H
R I C E P O R R I D G E D R
I P L U Y G O K P A L V T R
S S A U R P S A L
T A O G E L U Y U
M L S I T A F J G
A T N R E T N A L
S F N O M L A S A
L I I R E W S T P O R H C P
A S G H C R O P L U M J A M
N H L I J A N U A S L E S D
O A E R B R E G N I G B N L
S L E I G H R I D E T A K S
```

152

```
F L Y I N G D U T C H M A N
W H D M S O U L O T C E P A
Y R A M Y D O O L B T L P M
D E L U Q O M A S R I L A O
A K E F N S U N T E W I R T
L I T M U T E Q P P L V I P
Y H I O W H I A N S L R T L
E H H T R O O D N A E E I A
R C W N A         C B T O S
G T R A I         A E N N P
E I A H T         N P A T I
I H H P H         A N C H R
C H R I S T M A S P A S T I
G A H P O L T E R G E I S T
```

155

```
H E L I C O P T E R D F H Y
O J E S A H B I K G K M R I
T S C A O O H B I C Y C L E
A B O N A V T A B A R G E S
I L A T F A R C R E V O H L
R I C K S H A W O T R I E L
B A H D M N I K T O P D L A
A U C J O K N C O A K D U P
L F S E T C I B M D L S F C
L P L S J U L A W
O L V D P R R C E
O A N J E T S K I
N N G R S L H O L
J E V B D I S A T
```

153

```
K E N N E D Y E L T S I N O
O C R O O S E V E L T I H P
M E R K E L C A S L C H U M
J C D A W A M A B O L D K Z
O A Y W M U S S O L I N I E
L S P A Z S R E H C T A H T
S T Z T R S I Y J K O G O L
U R M E T L T B G Z E D C L
N O T G N I H S A W R O H E
      N P A D A M S I W
      N A L E D N A M M
      J O K H A N S I O
      C L I N C O L N R
      L L I H C R U H C
```

156

```
M N H T             S A L U E
U I O U             S T R G T
G S N T             O B D R A
E I E T             L U A A L
L A Y I             F T O S O
B R C F R Y V N E Y T R P C
B M O R P R A L I D E Y B O
U U M U I R N T K N R K E H
B R B T M E I R O A S C R C
S T U T E H L F O C C O R O
A T E I V C L L C H O R Y O
A L E M A R A C D E T L A S
O H C A N P I S T A C H I O
S T R A W B E R R Y H O N T
```

154

```
A T E A C U P S P
S A K C A C E E L
R R C A N O G E A
O E L R D C N B H
R H E O Y O C T O
R T E U F N R H O A T T H R
I T H S L U L O N Z T E R O
M A W E O T N O G L P S W D
F L G L S S I K R A T K A E
O P I H S E T A R I P E L O
L S B O A D O D G E M S T B
L L F U N H O U S E W H Z U
A L P O O H A C T U N N E L
H E L T E R S K E L T E R L
```

157

```
H A N U K K A H D O C A R L
B O N F I R E N   G H T H D
V A L E N T I N E S R Y N D
C H R I S T M A S B E A E A
            H Y G N I D D E W
            B O J W E N S B O
            N E W Y E A R I L
            K K A B O L E R A
            D E W G J F H T V
G N I V I G S K N A H T H I
N E E W O L L A H T M O D N
Y R A S R E V I N N A M A R
S L B A B Y S H O W E R Y A
I N D E P E N D E N C E N C
```

158

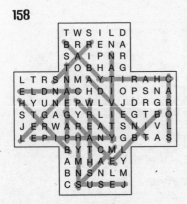

160

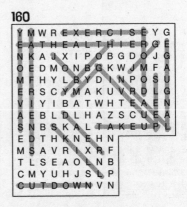

159

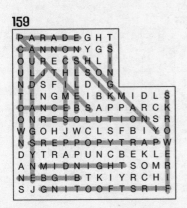